갑골문정인편

상서 '고종'시기의 점복과 생활에 관한 기록

甲骨文貞人編

박영story

甲骨文貞人編

—殼貞卷

申昌鎬
林家寶　共編

甲骨文貞人編

— 㱿貞卷

書名題簽: 林家寶

昔者蒼頡作書，天雨粟，鬼夜哭.

-《淮南子·本經訓》

“文字帶來了智慧
也使得文明得以延續”

《甲骨文合集》 00376 正面拓本

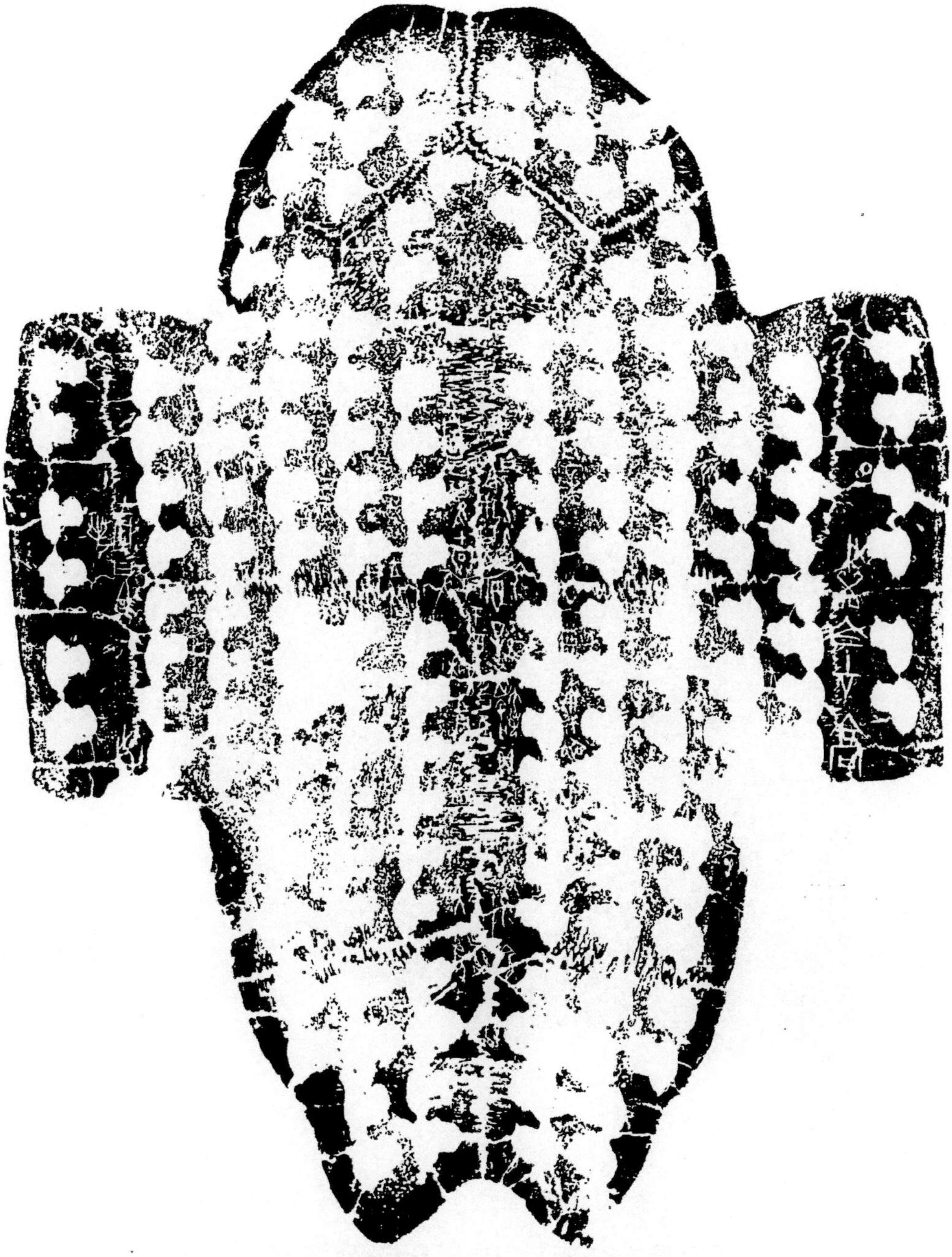

《甲骨文合集》 00376 反面拓本

《甲骨文合集》 00559 正面拓本

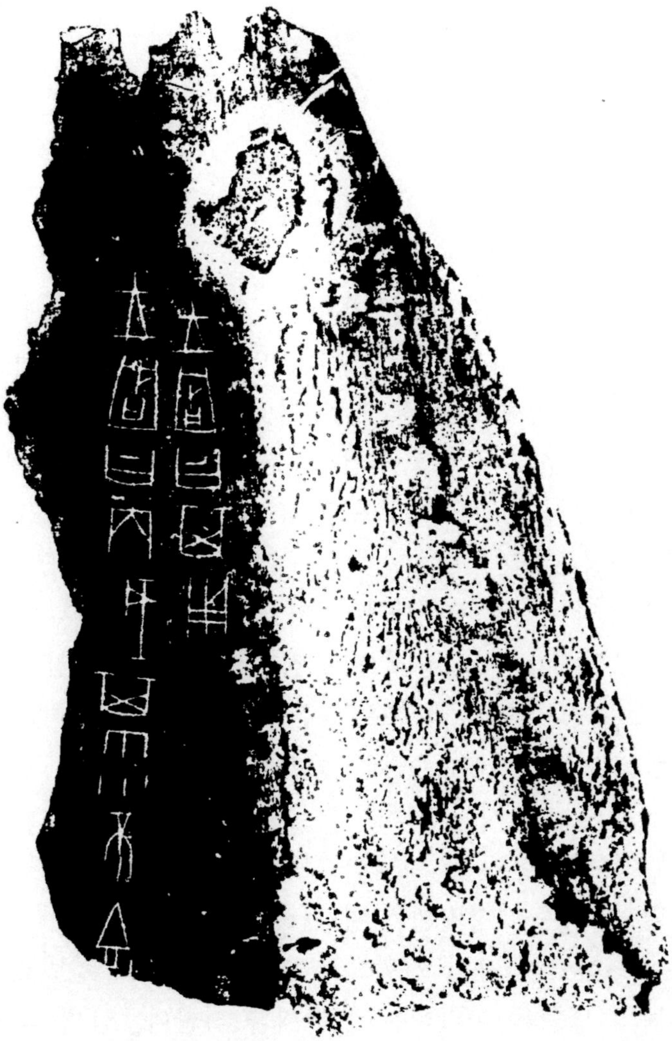

《甲骨文合集》 00559 反面拓本

| 한국어 서문 |

인류의 역사는 크게 두 부분으로 구분할 수 있다. '선사(先史)'시대와 '역사(歷史)'시대가 그것이다. 그 기준은 '기록(記錄)'이다. 인간은 '기록'을 하면서 자신을 표현하기 시작했다. 그 기록의 매개체가 '문자(文字)'다. 인류가 발명한 가장 위대한 삶의 도구! 뒷부분의 중국어 서문(序文)에서도 언급한 것처럼, 문자는 인류에게 '지혜(智慧)'라는 보배를 안겨주었다. 동시에 문명의 흥망성쇠(興亡盛衰)를 통해 문화를 진보시켜 나가는 핵심 수단으로 작용했다.

흔히 말하는 인류의 4대 문명 가운데 지금까지 전통을 지속하고 있는 것은 중국의 '황하문명(黃河文明)'이다. 세부적으로 검토하면 차이가 있지만 의미를 넓혀서 이해하면, 황하문명은 중국을 중심으로 하는 '동아시아 문명(東亞文明: East Asian Civilization)'을 대변한다. 그 문명의 중심에 문자가 있다. 다름 아닌 '한자(漢字: Chinese character)'다. 한자는 황하문명을 유지하는 핵심 요소다. 동아시아 문명은 한자를 공통언어로 수 천 년 동안 생명력을 지속해 왔다.

이 한자의 시발 지점은 어디일까? '황제(黃帝)의 사관(史官)이었던 창힐(倉頡)이 문자를 창조했다'는 기록이 한자의 기원으로 이해되는 것이 일반적 학설이다. 고고학적 발굴은 초기 한자의 모습을 파악하는데 흥미를 더한다. 암벽(岩壁)이나 토기(土器)에 부호(符號)처럼 새겨진 각화(刻畵)는 6000여 년 전에 이미 존재한 것으로 알려진다. 하지만 아직 체계적으로 정리되지 않아 이것이 한자의 원형이 되는 문자인지, 아니면 고대인들이 단순하게 감정을 표현한 그림인지, 단언할 수가 없다.

현재, 체계적으로 정리할 수 있는 한자는 약 3000여 년 전 '상(商: 殷)'나라의 갑골문(甲骨文)이다. 상나라는 고고학의 발굴에 의해 실증(實證)된 왕조다. 중국의 고대문화(古代文化) 또는 황하문명의 형성과 발전에서 반드시 확인해야 할 역사다. 특히, 하남성(河南省) 안양현(安陽縣)의 은허(殷墟)에서 발굴된 유물은 매우 중요한 의미가 있다.

발굴된 갑골문은 원시 상태를 넘어 상당히 성숙한 문명을 보여준다. 문자의 발달은 단기적으로 완성되는 사안이 아니다. 그런 만큼 문자가 표현하는 문명의 성숙은 오랜 세월 동안 진보해온 사회 상황의 변화를 반영한다.

갑골문은 통치계급에 해당하는 소수의 지배자가 사용한 것으로 추정된다. 때문에 당시 하위 계층인 민중의 삶을 전반적으로 반영하지는 못할 것으로 판단된다. 그러나 갑골문의 기록은 왕(王)을 중심으로 하는 사회의 모습을 포착하는데 상당히 의미 있는 정보를 제공한다. 동아시아 고대 국가의 형태나 제도를 고찰하는 데 너무나 소중한 자료다.

이 책은 상(商)나라 무정(武丁) 시기에 살았던 '각(㱿)'이라는 '정인(貞人: 점치는 사람)'에 관한 종합자료집이다. 무정(武丁)은 『상서(尙書)』『열명(說命)』편을 장식하고 있는 고종(高宗)의 이름이다. '고종(高宗)'이라는 호(號)는 덕이 높아 존경할 만하기 때문에 붙여준 명칭이다. 그만큼 고종이라는 존재는 상나라에서 비중이 있는 중요한 왕이다. '각(㱿)'은 이 시기의 핵심 정인으로 왕실의 점복(占卜)을 담당하였다. 때문에 그의 점복 기록은 당시 사회가 어떠했는지 그 모습을 진지하게 전해주는 역사의 생생한 증언이다.

이 책은 중국에서 발간된 '胡厚宣 主編. 『甲骨文合集』(拓本1-7卷/釋文1-2권. 北京社會科學出版社, 1999)를 전반적으로 검토 · 분석하고, '정인(貞人) 각(㱿)'의 점복과 당시 생활상에 관한 내용을 일일이 찾아내어 재분류한 것이다. 글자를 해체하여 서로 비교하고 증명하며 편집하는 데 3년의 시간이 걸렸다. 그 과정에서 한자와 중국어, 그리고 한국어 사이에서 고심했다. 현행 한자로 채울 수 없는 부분이 너무나 많아 상당수의 글자는 직접 그려 넣었다. 내용도 한자를 직접 보거나 황화문명을 직접 체험할 수 있는 독자들을 고려하여 중국어로 작성했다. 『상서』『열명』에 기록되지 않은 내용도 상당하다. 아시아 문명의 원류인 황하문명의 초기 모습이나 사회 정황, 점복의 실제를 고찰하는데 관심 있는 연구자, 또는 『상서』를 깊이 있게 연구하는 전문가들이 요긴하게 참고하기를 소망한다.

3000여년 뒤에 살고 있는 후학(後學)이 '각(㱿)'선생의 기록을 통해 상나라로 향하는 타임캡슐을 탈 수 있다는데 감사한다. 이 갑골문 여행에는 가이드가 없다. 이에 미력하나마 그 가이드 역할을 자청한다. 부족한 부분에 대해서는 많은 질정(叱正)을 바란다.

2021. 11.
대한민국 서울 고려대학교 연구실에서
신창호

序言

甲骨文的發現，把古老且神秘的商王朝從傳說時代帶進了信史時代，其對研究商代社會具有不可替代之意義。從清光緒二十五年（1899）至今，經許多前輩學者的共同努力，甲骨學研究由零散的字句考釋轉向整體深入的探究。同時甲骨文研究的影響力也在不斷擴大，吸引了世界諸多學人學者的共同關注。可以說，甲骨學儼然已成為了一門顯學。早在上世紀彥堂董作賓先生曾就四個方面對甲骨學的前途進行了展望：

一、甲骨資料之結集
二、綴合復原之重要
三、索引工具之編制
四、研究方法之改進

首先是甲骨資料的結集，這就是把既出甲骨進行一次「摸底」作業，將偽刻者和重複者進行刪減。這項工作實際做起來是十分困難的，首先對各種出版物中的甲骨進行清查便不是一人一時之力所能克者。其次既出甲骨如今散存在世界各地，還有許多秘而不宣的情況，因此甲骨資料的結集雖然重要，但在實際上做起來卻要面臨許多的困難。

第二個方面是甲骨資料的綴合與復原。從實際發掘出的甲骨來看，大者幾乎完整保留了龜板或者肩胛骨的原樣，但這種情況並不多見。現在既出者多為殘片，其小者多与指甲不相上下，在觀察時必須要藉助放大鏡等工具方可見得清楚。然而這並不是發掘者的責任，甲骨在地下沉睡了近三千年，本身已經糟朽者已居多，甲骨學研究也的難度也因之加大。甲骨綴合的意義便從這裡凸顯出來。綴合不僅可以幫助我們獲取更多的信息，其對甲骨資料的整理亦有裨益。

綴合甲骨的最基本的工作是要瞭解龜甲或獸骨的生理構成。拿龜甲來說，就是瞭解龜甲的盾紋與齒縫。從發掘出的龜甲碎片來看，大部分破碎者都是依循龜甲所特有的紋理自然破裂的。董作賓先生在「商代卜龜之推測」中將其龜甲形態描繪如下：

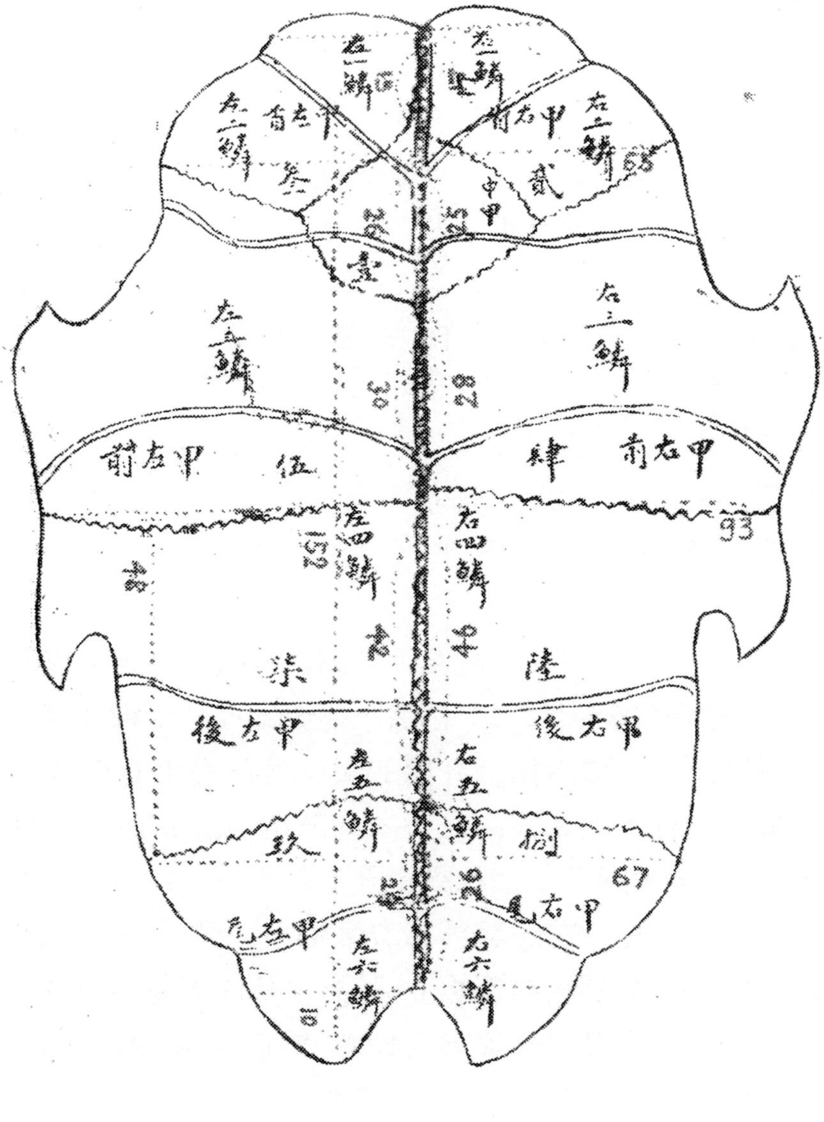

依照此圖，我們可以很明確的確定某一碎片在龜甲中的位置，繼而為甲骨綴合提供有益的參考。

第三個方面是索引工具的編制，尤其是各類甲骨文字典。甲骨文字典對梳理甲骨文單字與文法，推測句子成分是十分重要的。因此對甲骨文字典的編輯也是从開始到現在一直在進行的工作。諸如王襄『簠室殷契類纂』、商承祚『殷虛文字類編』、孫海波『甲骨文編』、徐中舒『甲骨文字典』等。我們也可以發現甲骨文字典中收入的字數在不斷地擴大，內容也在不斷地豐富。這得益於殷墟考古的後續發掘與學人學者的共同努力。但是我們也應該注意到，甲骨文的索引工具不能僅限於紙質書，尤其是在信息化時代，應該有更加便捷的信息檢索系統。現在雖然有若干檢索系統，但因甲骨文很多字尚不能很好的隸定，繼而無法輸入電腦，即使能夠輸入者也是錯亂繁多，因此在未來有必要開發一套適用於甲骨文輸入和檢索的系統。

下面我們著重說一下第四個，也就是研究方法的問題。眾多周知，董作賓先生首創分期法將甲骨分為五期，計八世十二王：

一期： 盤庚、小辛、小乙、武丁（二世四王）
二期：祖庚、祖甲（一世二王）
三期：廩辛、康丁（一世二王）
四期：武乙、文武丁（二世二王）
五期：帝乙、 帝辛（二世二王）

這種分期方法自面世以來，就成為人們關注的焦點，各方家也有提出不同的意見。但是就目前的研究來看，仍然不能全部推翻這種分期方法，它仍然是影響力相對廣泛的一種方法。分期的靈感是民國十七年第一次試掘殷墟期間，董作賓先生敏銳地覺察到在不同的三處地點發掘的甲骨文字有些異樣。他由此產生了一個疑問：這種異樣是不是因為時代不同而導致的呢？民國十八年十二月十二日，在殷墟第三次發掘中，董作賓一行發現了相對完整的四塊龜腹甲，命名為「大龜四版」。董先生从四版龜甲中得到靈感，首創「貞人說」。「貞人說」的提出被郭沫若譽為「鑿破鴻蒙」的大事。這種說法直接解決了一直爭論不休的「貞上卜下」的問題。

這裡簡單說一下「貞上卜下」的問題。一般來說，完整的甲骨文卜辭一般由前辭、命辭、占辭、驗辭等構成。前辭的一般結構是:

①②卜，③貞……

①爲天干，即甲、乙、丙、丁、戊、己、庚、辛、壬、癸十個。②為地支，即子、丑、寅、卯、辰、巳、午、未、申、酉、戌、亥十二個。這是在甲骨文研究的始發階段便辨認出來的。問題在於③到底充當什麼角色呢？③的位置處在「貞」字的上方和「卜」字的下方，因此方便上我們稱之為「貞上卜下」的字。這個字在整個卜辭中扮演什麼角色關係到整個甲骨卜辭的釋讀方向。劉鐵雲首先將這個字解釋為「問」，即卜問之意。其『鐵雲藏龜』自序中有言：

> 凡稱問者有四種：曰哉問，曰厭問，曰複問，曰中問……哉厭兩問最多。疑哉為初問，厭為再問。故詩曰「我龜既厭，不告我猷」。言我已再問而龜不我告也。

大約在一年以後的一九〇四年，孫詒讓在劉氏基礎上進一步做了省察，他認為「劉所謂問，當為貝寶貞之省」，他對劉氏之所謂「哉」字者提出了質疑，但是並沒有就此字給出明確的釋讀。他將劉氏所釋之「厭」字易為「散」字，可以說真正第一位將「散」字和「貞」字隸定出來的就是孫詒讓。孫氏一共列舉了十四種「貞」，但是卻苦於「不知其義例云何」。孫氏之後有葉玉森氏曾經提到過「貞」字的含義，他說：

> 諸貞之義，自卜師行，逐卜獵逐，似可揣測。餘若喜行諸貞，字或可識，義並難知。付之闕疑，以俟博雅。

由此可見，葉氏對「貞」的職責有了一定的認識，但是關於這個字的意思還是沒能夠做出合理的解釋。這種窘況在董作賓作「大龜四版考釋」之後才得以突破。董作賓在「大龜四版考釋」第四部分論述了「貞人說」，首先是人名的確認：

貞上一字是人名的確定。從前研究契交者對于貞上之一字，有疑為官名者，有疑為地名者，有疑為所貞之事類者，現在根據第四版，可以確定他是人名。因為貞上一字如為地名，則必有「在」字,如「在向貞」，「在潢貞」（殷虛書契考釋下五葉引），只言「某某卜某貞」者，決非地名。又四版全為卜旬之辭，若為卜貞事類，或職官之名，應全版一致。今上旬之版，貞上一字不同者六，則非事與官可知。又可知其決為卜問命龜之人，有時此人名甚似官名，則因古人多有以官為名者。又卜辭多「某某卜王贞」及「王卜貞」之例，可知貞卜命龜之辭，有時王親為之，有時使史臣為之，其為書貞卜的人名，則無足疑。貞卜而書命龜之人，此為一時風尚，也有一部分卜辭不記貞人的，也有全不記貞人的。

確定了人名之後進而以之判定時代。董先生認為：

因貞人以定時代。凡見於同一版上的貞人，他們差不多可以說是同時。如上列第四版，真人共有六個。在九個月中，他們輪流着去貞旬，他們的年齡無論若何必須在九個月內是生存着的，最老和最少的，相差也不能過五十年。因此，可由貞人以定時代。

簡單來說，其依據的原理大致就是「同版同期」的共时性。董先生以此為出發點，將出現在同版中的幾個貞人進行組合，稱為貞人集團。比如他在解釋這部分時候畫了這樣一個圖：

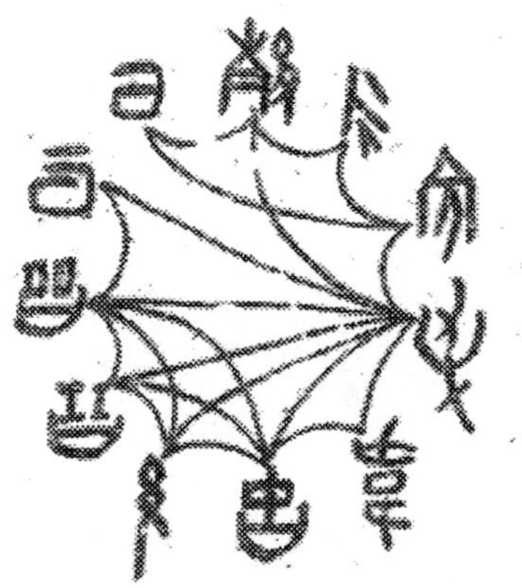

貞人説為甲骨斷代提供了最直接的支持。董作賓先生也坦言說「貞人説的成立，為斷代研究的主要動機」。實際上在確定了貞人集團之後，就勢必會涉及到他們所處的時代問題。董作賓先生認為這祇有靠著他們替王貞卜時候對於先公先王的稱呼來進行決定。比如本書的㱿貞，在他占卜的卜辭中有「父乙」這樣的稱呼，我們對比商王朝世繫表可知這裡的「父乙」應該是商王武丁對其父輩「小乙」的尊稱，由此我們可以大致確定，㱿最少在商王武丁時期是有所活動的。關於貞人「㱿」，學界並沒有像貞人「何」那樣爭論不休，人們幾乎沒有對貞人「㱿」屬於商王武丁時期(第一期)的說法進行質疑。

但是我們也應該注意到「貞」和「卜」這兩個字的範圍。「貞」祇是問卜的人，這是沒有限制的，任何人祇要你有疑問都可以問卜。但是「卜」卻比「貞」的範圍小得多，他只限定于擁有判定卜兆專長的「太卜」職位內。貞人說的創立開啟了甲骨學研究的新紀元。董作賓先生在「甲骨文斷代研究」一文中分甲骨為五期，其根據亦在於前面提到的貞人之間的共時性。董氏所提出的十個斷代標準有：

1、世繫 2、稱謂 3、貞人 4、坑位 5、方國
6、人物 7、事類 8、文法 9、字形 10、書體

其中貞人這個標準是十分重要的，貞人與世繫、稱謂三位一體。根據世繫圖我們可以確定卜辭中對先公先王的稱謂具體指稱的對象。依循著稱謂我們可以為判定貞人的時代提供參考。坑位這個標準包括甲骨文出土地點與出土時的狀況，這種信息大多侷限於現場考古參與者，一般人很難得到具體的信息。相比前面幾個，其餘諸類大多處於次要地位，但是這並不意味著他們並不重要。在甲骨文出土時佔據大多數的殘片，多數只殘存了僅有的幾個字，假如這幾個字裡邊又恰巧沒有我們需要的貞人、稱謂等信息，那麼這時候書體、字形之類的判斷標準便派上了用場。

瞭解了這些，我們再回頭來看董作賓先生提出的第四個展望：研究方法之改進。研究方法大體是針對甲骨的斷代問題來提出來的。我們前面提到董先生的五期分法也面臨著許多的問題。例如「歷組卜辭」的時代問題著實對其構成了不小的挑戰。董先生自己坦言說五期分法「猶甚粗疏」。後來他在分期的基礎上稍加改進提出了分派之說。即在五期原有基礎上細分為新、舊兩派。企圖用新派舊派之間的鬥爭來解釋不同時期卜辭中的各種矛盾。

第一階段 舊派（遵循古法）：盤庚、小辛、小乙、武丁、祖庚
第二階段 新派（改革新制）：祖甲、廩辛、康丁
第三階段 舊派（恢復古法）：武乙、文武丁
第四階段 新派（恢復新制）：帝乙、帝辛

新舊兩派勢力此消彼長，兩派之間不但在在政治、禮制、曆法等諸多方面多有差異，而且在甲骨的使用、文字的風格、卜問的內容等方面也不盡相同。而其所謂「研究方法之改進」者，亦即著意於此。但是學界對這種分派的說法大多持保守的態度，因此其影響力遠不及早先提出的五期說，在此不再贅述。

筆者在學習過程中深感貞人對於甲骨學研究的重要意義，於是萌生了以貞人為單位整理既出卜辭的想法。竊以為這對開展貞人專項研究是有意義的。專門集結某位貞人的資料，對研究其所參與的貞卜中所涉內容、体例以及文辭也有參考作用。另外這也是未來甲骨学研究精密化、專項化的客觀要求。

在眾多的貞人中，筆者選取了卜辭存量多、涉及範圍廣，時代爭議小的㱿貞來進行研究，以『甲骨文合集』（1～7卷）為主要資料，選取出兩千多條卜辭集成此集，期以拋磚引玉。這項工作從計畫到實施再到完成經歷了相當長的時間,也遇到了許多始料不及的問題。為了保證質量，我們採取了一個比較保守的辦法，首先將『甲骨文合集』（拓本1～7卷）中收錄的甲骨拓本一一進行釋讀，然後再參考『甲骨文合集』（釋文1～2卷）中的釋讀進行比較。對比兩者中有出入的字重新查閱相關資料，再次進行比較修正。其中有一部分字是由於筆者學識尚淺所致，另外一部分是由於後續研究重新考證出的字。在整理過程中，筆者依據現行通用的方法，對其中的部分字進行了修改。另外本書並沒有採取『甲骨文合集』中 「XX卜，㱿，貞」 的格式去標識句讀。而是採用了相對通用的 「XX卜，㱿貞，」 這樣的方式。另外本書在序號的編排上與『甲骨文合集』的編號是一致的。這樣是為了使讀者可以隨時通過編號查找到『甲骨文合集』中收錄的原拓本和前輩學者的釋文，這也是為了方便与其他資料的對比研究工作。「〔〕」內的字是根據「殘辭互補法」推測出來的字。「□」表示的是不能確定的字,多爲字殘損嚴重。「…」表示的卜辭并未完結，但是不能確定具體字數的情況。在整理卜辭順序的时

候，按照『甲骨文合集』的目录编排进行，稍作修改后制成本书目录。

另外需要說明的是，由於甲骨文本身的特性，很多字尚未能隸定，所以也不能很理想地輸入電腦，這給整理工作造成了不少的困難。筆者在整理中將未能隸定或存在爭議的字，採取了存而不論的方法，即不強作隸定，通過手寫的方法最大限度保留其原來形態。筆者有感於在確切定論出現之前，任何強作隸定的行為都會造成一定的誤導。手寫雖然複杂，但卻是有意義的工作。誠然，這種方法是一種效率十分低的方法，但是這種笨辦法卻帶來了不少新的收穫。由於學識淺薄，不可避免有很多訛誤，期待各位方家不吝賜教。

辛丑 建亥

申昌鎬 · 林家寶於高麗大學

目次

第一章

階級和國家

1. 奴隸和平民
2. 奴隸主貴族
3. 官吏
4. 軍隊, 刑罰, 監獄
5. 戰爭
6. 方域
7. 貢納

1. 奴隷和平民

00005

1. □□〔卜〕，設貞，王大令眾人曰〔田，其〕受〔年〕.

2. 乙巳卜，設〔貞〕…

00032 正

1. 乙卯卜，設貞，王从望乘伐下危，受出又. 四

2. 乙卯卜，設貞，王勿从望乘伐下危，弗其受出又. 四

5. 丁巳卜，設貞，王學众伐于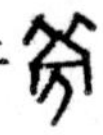方，受出又. 四

6. 丁巳卜，設貞，王勿學众伐于方，弗其受出又. 四

11. 庚申，設貞，乍宊. 四

12. 庚申，設貞，勿乍宊. 四

00045

□□〔卜〕，〔設〕貞. 王〔疾〕…眾不. 一

00052

1. □□〔卜，設〕貞. 王其皎，及.

00071

2. □□卜，設貞…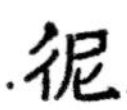从…… 亡𡆥. 一

00093 正

1. 己丑卜，設貞. 即氏芻，其五百隹六. 一

00094 正

1. 辛丑卜，設貞. 婦好出子. 二月.

00098 反

壬戌卜 , 㱿貞, 王 由 𠂤.

00110 正

4. 己巳卜 , 㱿貞, 雀其死.

00113 反 甲

5. 㱿.

00140 反

12. 㱿. (甲橋刻辭)

00150 反

1. 辛卯卜 , 㱿.

00154

1. 己丑卜 , 㱿貞, 翌庚寅婦好娩.

00162

1. 甲午卜 , 㱿…

00163

□□〔卜〕, 㱿貞, 射甫…〔王固〕曰, 叀既, 己卯… 隻羌十.

00166

己酉卜 , 㱿貞, 甫隻羌 . 一

00171

1. □□卜 , 㱿貞, 戉隻羌.

2. □□卜 , 㱿貞, 令望乘…

3. □□〔卜〕, 㱿貞, 王鼎从望乘…

00174

戊午卜，㱿貞，戉不隻其隻〔羌〕. 二

00177

4. 甲午卜，㱿貞，乎畢先禦尞于河. 四

00180

1. 癸酉卜，㱿貞，今日王步. 一

2. 辛丑卜，㱿貞，翌乙巳王勿步. 一

00183

3. 辛亥卜，㱿. 六月.

00190 正

5. 壬戌卜，㱿貞，出于祖〔乙〕… 一

00215

□□卜，㱿貞,…翌乙〔未〕□ 隻羌.

00234 正

2. □□〔卜〕，㱿貞，貍來羌〔用〕.

00235 反

7. 㱿.

00243 反

…四. 㱿.

00248 正

1. 丙子卜，㱿貞，今來羌率用. 一

2. 丙子卜，㱿貞，今來羌勿用. 二告

00250

1. □丑卜，㱿貞，今來羌勿用于〔龍〕，〔若〕.

00270 正

1. 壬寅卜，㱿貞，興方氏羌，用自上甲至下乙. 一 二 三 四 五 六

00271 正

1. 己卯卜，㱿貞，禦〔婦〕好于父乙，豈羊㞢豕，冊十宰.
3. □□〔卜〕，㱿貞，禦婦好于父〔乙〕，豈羊㞢豕，冊〔五宰〕. 二

00273 正

1. 癸未卜，㱿貞，[illegible] 氏羌. 〔一〕 二告

00274 正

1. 癸未卜，㱿貞，[illegible] 氏羌. 二

00275

1. 〔癸〕未卜，㱿貞，[illegible] 氏羌. 三

00301

1.丁亥卜，㱿貞，昔乙酉箙旋禦…大丁、大甲、祖乙百鬯、百羌，卯三百〔宰〕

00303

1. 癸亥卜，㱿貞，鼓羌百，放三旃〔方人〕…
2. 癸亥卜，㱿貞，勿葡鼓羌…
3. 甲子卜，㱿貞，我受耆年.
4. 甲子卜，㱿貞，我受黍年.

00305

甲子卜，㱿貞，勿鼓羌百.十三月.

00367

1. 癸未卜，㱿貞，旬亡囚．三月．三

2. 癸卯卜，㱿貞,〔旬亡囚〕.王固曰，出希…〔大〕掫風之〔夕[illegible]〕…羌五
三

3. 癸丑卜，㱿貞，旬亡囚.

00369

1. 乙巳卜，㱿貞，來辛亥酒．一

2. 戊申卜，㱿貞，五羌，卯五牛．一

00370

□申卜，㱿貞，五羌，卯五牛．　六

00371 正

3. 庚午卜，㱿貞,正．　一　　二

00376 正

1. 乙丑卜，㱿貞，甲〔子〕[illegible],乙丑王夢牧石麋不隹囚，隹又．　一　二　告

16. 庚子卜，㱿，婦婐娩㚥．一　二

20. 乙巳卜，㱿貞，出疾身不其龍．一　二告　二　三　四　五

21. 乙巳卜，㱿貞，出〔疾〕身不〔其〕龍．一　　二〔三〕二告　四　五

00410 正

1. □□卜，㱿貞,尞昌一羌.

00418 正

3. 庚戌卜，㱿貞，于河出報．一　二　三　四

4. 庚戌卜，㱿貞，勿于河出報.三月．一　二　三　四

7. 庚申卜，㱿貞，尞于[illegible].

00419 反

10. 㱿.

00440 反

2. 乙酉卜，㱿.

00446

1. □□〔卜〕，㱿貞，㞢羌…

00454 正

1. 辛未卜，㱿貞，婦妌娩妿．王固曰：其隹庚娩妿．三月．庚戌娩妿．一 二 三

2. 辛〔未〕卜，㱿貞，〔婦〕妌娩〔不〕其妿．一

00456 反

2. 乙未卜，㱿.

00458 正

4. 甲辰卜，㱿貞，翌乙巳其雨．二

00464 反

2. …〔示〕五．㱿.

00478 反

1. 乙未卜，㱿.

00490 正

10 己未卜㱿，貞啚氏，

00498 正

□□卜，㱿貞，卒羌．王固曰，出…

00506 正

1.□寅卜，㱿貞，〔般〕不若，不羌．一　二告

00511

3. 癸丑卜，㱿貞，翌甲寅不…

4. □□卜，㱿貞，翌甲寅酒于羌甲…

00515

2. 丙申卜，㱿貞，翌丁酉亡其去．二

00536

7. 庚子卜，㱿貞，令子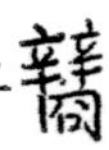先涉羌于河．一　二　三　四　五　六　七　八

8. 庚子卜，㱿貞，勿令子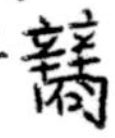先涉羌于河．一　二　三　四　二告　五　六　七　八

00540

1. 〔戊〕辰卜，㱿貞，翌辛未令伐𢀛方受出又．一月

2. □□卜，㱿貞，乎多僕伐𢀛方受出又．

3. 癸酉乎多僕伐𢀛方受出又．一　二　三

00542

1. 甲子卜，㱿貞，勿〔乎〕伐𢀛〔方〕，弗其〔受出又〕．

3. 甲申卜，㱿貞，翌乙酉…乙酉酒唐，允…

00545

1. 甲子卜，〔㱿〕貞，乎伐𢀛方，受〔出又〕．

00550 正

甲寅〔卜〕，㱿貞，〔勿〕多僕乎〔望〕𢀛．

00558

1. □□卜，𣪘貞,五百僕用.

2. □□〔卜，𣪘〕貞,五百僕用.

00559 正

1. □子卜，𣪘貞,五百僕〔用〕.

3. 〔癸〕丑卜，𣪘貞,五百〔僕〕…

4. 癸丑卜，𣪘貞,五百僕用.旬壬戌㞢用僕百. 三月.

5. 甲子卜，𣪘貞, 告若.

6. 戊辰卜，𣪘貞,王循土方.

00560

1. 癸丑卜，𣪘貞,勿𦵯用五百〔僕〕. 一

00562 正

2. 癸丑卜，𣪘貞,五百〔僕用〕.旬壬戌㞢用僕〔百〕.

3. 甲子卜，𣪘貞,〔告若〕.

4. 戊辰卜，𣪘貞,王〔循土方〕.

00573 正

□午卜，𣪘〔貞〕,𡗗僕. 一

00584 正 甲

1. 〔癸〕亥卜，𣪘貞，旬亡𡆥.王固曰…丁卯，王狩𢓊𨔶車…在車，畢馬亦…

2. 癸未卜，𣪘貞，旬亡〔𡆥.王 固曰，㞢〕希，其㞢來艱，气至□日□□，允㞢來艱自西.長戈□告曰：𢀛方征于我奠…一

00586

5. □申卜，𣪘貞，叀𦃟乎…

00590 反

4. 〔戊〕申卜，㱿.

00601

甲子卜，㱿貞, 㝵僕，叶.

00608

甲寅卜，㱿貞, 僕… 三

00619

1. 己丑卜，㱿.

00628 正

1. 壬午卜，㱿〔貞, 多〕臣[illegible]羌，卒. 一

2. 壬午卜，㱿貞, 追多臣〔[illegible]〕羌，弗〔其〕卒. 一 二

00634

1. 丁亥卜，㱿貞,乎卯从韋取舞臣. 一〔二〕三 四 五

00635 反

9. 己卯卜，㱿.

10. 㱿.

00641 正

7. 丙寅卜，㱿貞, 今來歲我不其受年.

〔一 二 三 四〕五〔六 七 八 九〕一 二〔三 四 五 六〕七 八

00655 正 甲

10.丙寅卜，㱿貞, 來乙亥易日. 一 二 三 四

11.丙寅卜，〔㱿〕貞, 來〔乙〕亥〔不〕其易〔日. 王〕𡆥 曰: 〔吉〕.乃兹 易日.

〔乙〕亥...不〔雨. 之〕日雨.

00655 正 乙

〔戊〕□卜，㱿貞，〔令〕〔取〕舟〔不若〕.

00656 正

1. □□卜，㱿〔貞〕，禦婦〔好〕于龍甲，乎㞢妾.　一　小告

00656 反

5. □示十. 㱿. （甲橋刻辭）

00667

1. 辛未卜，㱿貞，告于祖乙. 一
2. 辛未卜，㱿貞，勿告于祖乙. 一
5. 壬寅卜，㱿貞，自今至于丙午雨. 一
6. 壬寅卜，㱿貞，自今至于丙午不其雨. 一
7. 癸卯卜，㱿貞，乎往于隹从乘.　一〔二〕三 四
8. 癸卯卜，㱿貞，〔勿〕乎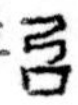往从乘于隹.　一 二 小告　三 小 四

00667 反

19. 㱿.

00671 正

1. 庚寅卜，㱿貞，以角女.　一　二　二告　三
2. 庚寅卜，㱿貞，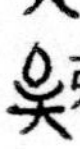弗其氏角〔女〕.　一　二　〔三〕

00672 正

13. 乙未卜，㱿貞，酒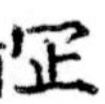.　一
14. 乙未卜，㱿貞，正.　.　一
18. 乙未卜，㱿貞，其㞢來 艱.　二
24. 癸卯卜，㱿，翌甲辰酒大甲.　三
30. 乙巳卜，㱿，勿(?)卒… 二　三

00679 正

丙寅卜，㱿貞，妣庚㞢女往二牛，翌庚用．　一

00691 正

□申卜，㱿〔貞〕，…⿱㞢立妻…

00717 正

6．癸□卜，㱿〔貞〕，王…　　二

00723 臼

婦□示□□．㱿．

00727 反

㱿．

00729

3．□□〔卜〕，㱿…

00731

□午卜，㱿〔貞〕，禦婦于□〔𠕋〕艮女．　二

00734 正

1．己巳卜，㱿貞，奚不死，王固曰：吉，勿死．　一　二　三　四

2．己巳卜，㱿貞，奚其〔死〕．　一　二　三

00734 反

10．㱿．

00738 正

3．乙亥卜，㱿貞，今日尞三羊、二豭、三犬．　三

8．己丑〔卜〕，㱿貞，王亡乍𡆥．五月．　一　二　〔三　四〕　五　六　七

00767 正

3. 甲辰卜，㱿貞，出宰于父乙.

00772

2. 乙卯卜，㱿貞，𠕋妣庚垂.　一

00776 正

1. 乙丑卜，㱿貞，王夢隹祖乙.　一

3. 乙丑卜，㱿貞，王夢隹祖乙.

5. 乙丑卜，㱿貞，𢦏于丘商.　四月.　一

15. 壬辰卜，㱿貞，出于示壬宰.　二

16. 〔甲〕午〔卜〕，㱿〔貞〕，㞋三垂.

17. 〔甲〕午〔卜〕，㱿〔貞〕，勿㞋〔三垂〕.

20. 壬寅卜，㱿貞，河𡆥王.　一　〔二〕　三　四

21. 壬寅卜，㱿貞，河弗𡆥王.　一　二　三　四

22. 壬寅卜，㱿貞，不雨，隹𢆶商乍囚.　三　四　五　六

24. 癸卯卜，㱿，翌甲辰出于上甲十牛.　一　二

00778 反

乙亥卜，㱿.

00795 正

1. 辛未卜，㱿貞，我共人气在黍，不湄受出年.　一　二　三　四

3. 壬午卜，㱿貞，婦囚凡.　一　二

00809 反

6. 㱿.

00811 正

1. 壬申卜，㱿貞，我立中.　一

2. 壬申卜，㱿貞，勿立中.彳.　一

00811 反
31. 㱿.

00822 反
5. 貞(丙)戌卜，㱿.　　　　　　("丙"字誤刻爲"貞"字)
6. 㱿.

00826
1. 丁酉卜，㱿貞，囗卒屯.　二

00829 正
3. 丁囗〔卜〕，㱿〔貞〕,…
4. 丁囗〔卜〕，㱿〔貞〕,…
　一　小告

00849 正
2. 丙戌卜，㱿貞，翌丁亥㞢于祖丁.　　一

00861
2. 囗〔未〕卜，㱿〔貞〕，王往〔去〕若.　四月.　　一 二

00879
戊寅卜，㱿貞，共伐，翌庚辰用.

00892 正
1. 囗寅卜，㱿貞，王夢兄〔丁〕隹〔 囚〕.　一

00892 反
1. 囗囗〔卜〕，㱿，于今己…
5. 戊申卜，㱿. 貞我亡

00893 反

1. 壬午卜，㱿.

14. 乙未卜，㱿.

00894

5. 乙亥卜，㱿貞,… 一

00895 甲

2. 丁巳貞，㱿，勿…

00897

□丑卜，㱿貞，來乙亥酒下乙十伐出五，卯十宰. 乙亥不酒… 一

00900 正

5. 丁酉卜，㱿貞，我受圃耤在始年. 三月. 五 六

6. 丁酉卜，㱿貞，我弗其受圃耤在始〔年〕. 五 六 二告

00901

1. 壬午卜，㱿貞，出伐上甲十出五，卯十小宰. 三

00902 正

1. 乙卯卜，㱿貞，不其雨. 一 二 三

2. 乙卯卜，㱿貞，雨. 王固：其雨. 隹壬午允雨. 一 二告 二 三

17. 辛亥卜，㱿貞，令从𢀛. 二

19. 辛亥卜，㱿貞，令从𢀛. 二

00903 正

2. 丁未卜，㱿貞，酒彳伐十，十宰. 二

3. 乙卯卜，㱿貞，來乙亥酒下乙十伐出五，卯十宰.二旬出一日乙亥不酒，雨. 五月. 二

00903 反

1. 癸卯卜，㱿.

16. 辛卜，㱿.

20. 庚申卜，㱿.

00904 正

1. 辛巳卜，㱿貞，酒我報大甲、祖乙十伐. 十宰. 一

2. 癸未卜，㱿貞，其. 一

00904 反

2. 丙戌卜，㱿.

00905 正

17. 癸亥卜，㱿貞，尞上甲三牛，出伐十，〔卯〕十豭. 七月. 一 二

00913

1. □丑卜，㱿…十伐.

00914 正

3. 癸亥卜，㱿貞，禦于祖丁. 一

00916 正

4. 戊午卜，㱿貞，隹冬. 一

00924 正

4. 壬辰卜，㱿貞，乎子定禦出母于父乙. 出宰，𠕋㞋，三垂，五〔宰〕. 一 二 三

7. 乙巳卜，㱿貞，乎子定禦出于出祖宰. 二

00945 反

1. 癸未卜，㱿.

00946 正

8. 乙巳卜，㱿貞,乎取十□. 一

9. 丁未卜，㱿貞,巂从𠂤□□叶王事， 氐. 一

00946 反

1. 辛亥卜，㱿.

00963

4. □□〔卜〕,㱿 ,𠕋…

00965 反

1. 壬子卜，㱿…

00970

己亥卜，㱿貞, 出伐于黃尹，亦出于蔑. 一

00974 正

1. 丙寅卜，㱿貞,翌戊辰王出. 一

9. 丙申卜，㱿貞,我受年. 一 二 三 二告 〔四〕 五

00974 反

8. 甲戌卜，㱿.

00988

□□卜，㱿〔貞〕,𠕋…伐. 一

01025

2. …㱿. 一

01027 正

1. 癸卯卜, 㱿, 出于河三羌, 卯三牛, 尞一牛. 一

2. 癸卯卜, 㱿, 尞河一牛, 出三羌, 卯三牛, 一

11. 戊午卜, 㱿貞, 我其乎舍亩𢦏 一 二 三 四

12. 戊午卜, 㱿貞, 我舍亩𢦏 一 二

13. 己未卜，㱿貞，缶其[illegible]我旅.
14. 己未卜，㱿貞，缶不[illegible]我旅.　一月　一 二
15. 己未卜，㱿貞，缶其來見王.　一月　一 二
16. 己未卜，㱿貞，缶不其來見王.　一 二
17. 己未卜，㱿貞，王夢蠱隹囚.　一
18. 己未卜，㱿貞，王夢蠱不隹.　一 二告　一　一　一　一

01032 反
丁卯卜，㱿貞 …二月.

01047
丁卯卜,㱿貞，王𡆥…十人.　二

01051 正
16. 壬辰卜,㱿貞，于王夨.　一　二
19. 壬辰卜,㱿貞，雀𢦏祭. 一 二
20. 壬辰卜,㱿貞，雀弗其𢦏祭. 三月.　一　二　二告
22. 壬辰卜,㱿貞，雀弗其𢦏祭.

01051 反
6. 戊子卜，㱿.

01052 正
2. 〔丁酉〕卜，〔㱿〕貞，〔酒〕于河五十牛.　〔一〕　二
3. 〔丁〕酉卜，〔㱿〕貞，三十牛.

01066 正
1. □□〔卜〕，㱿貞，旬亡囚.
2. □□卜，㱿貞，旬亡囚.

01075 正

2. 甲午卜，㱿貞，出于羌甲.

01076 反 乙

1. 丙午〔卜〕，㱿.

01107

1. 乙巳卜，㱿貞，我其出令，戠臾用王.　一　二　三　四　五　六　七　二告

2. 乙巳卜，㱿貞，我勿出令，戠弗其臾用王.　一　二　三　四　不玄　五　六　七

01108 正

辛卯卜，㱿貞，隹䍐乎竹鼓〔[illegible]〕.

01109 正

辛卯〔卜〕，㱿貞，隹䍐乎竹鼓[illegible].　一

01110 正

2. 丙子卜，㱿貞，勿乎鳴从戉使冒.　三月.　四

3. 庚辰卜，㱿貞，于𦎫.　四

2. 奴隷主貴族

01140 正

2. 戊申卜， 𣪊貞，方帝尞于土，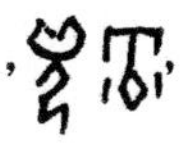 卯上甲.　一

01151

壬□〔卜〕，𣪊 ，㞢于上甲.　二告

01155

□□〔卜〕，𣪊〔貞，翌〕甲□㞢〔于〕上甲.　一

01176

乙卯卜 ，𣪊〔貞〕，桒〔于〕上甲…

01187

〔癸丑〕卜 ，𣪊貞，尞于上甲…豭三羊卯…牛.

01209

2. □戌卜 ，𣪊貞，… 二

01210

3. 癸卯卜 ，𣪊.

4. 辛亥卜 ，𣪊貞，王入.

01217

□□〔卜〕，𣪊,…上甲…豭.　二

01248 正
1. 癸未卜，㱿貞，翌甲申王[illegible]上甲日．王固曰：吉．[illegible]，允[illegible]．　一
3. 癸未卜，㱿貞，告于妣己[illegible]妣庚．　一

01248 反
17. 婦井示十，㱿．(甲橋刻辭)

01254
壬戌卜，㱿貞，㞢于示壬．

01272
甲寅卜，㱿貞，㞢于唐一牛，其㞢曰…

01287
乙亥〔卜〕，㱿貞，〔報〕于唐．

01295
1.乙巳卜，㱿貞，王其取唐[illegible]…〔受〕㞢又．　二　二

01305 正
□□卜，〔㱿〕貞．..彳...唐．
一
二　不玄冥　三　二告　四
一　二告　一

01307 正
□未卜，㱿〔貞〕…于唐．

01336 正
1.壬子卜，㱿貞，來辛酉㞢于祖辛．　一
2.乙丑卜，㱿貞，勿[illegible]㞢于唐．十月．

01351 正甲

1. 戊戌卜，㱿貞，叀戍先酒.

01381

1. 己亥卜，㱿.

01395 正

4. □□卜，㱿貞,…𩫖. 一 二告 二 三

01402 正

1. 甲辰卜，㱿貞，翌乙巳㞢于父乙 用. 二

6. 甲辰卜，㱿貞，下乙宓〔咸〕. 二 小告

01423

1. □□〔卜，㱿，翌〕□午㞢大甲白牛，用. 一

01429 反

㱿

01443

1. 癸卯卜，㱿貞，翌甲辰酒大甲. 二

2. 癸卯卜，㱿貞，翌甲辰勿酒大甲. 二

01459

□酉卜，㱿〔貞〕，大甲.

01477

丁亥卜，㱿〔貞〕…大甲. 祖〔乙〕…

01480 反

乙巳卜，㱿，在父家.

01495
□巳卜，〔㱿貞〕，…大戊…[illegible]王．

01506 反
〔戊〕申卜，㱿.

01534 正
1. 癸酉卜，㱿貞，翌乙亥㞢于祖乙．　一

01536 正
壬戌卜，㱿貞，㞢于祖乙.

01542
甲午卜，㱿〔貞〕，翌乙未㞢于祖乙．　一

01543 正
□□卜，㱿〔貞〕，翌㞢于祖乙□宰.

01545
1. 戊〔午〕卜，㱿貞，㞢于祖乙．

01600
□□卜，㱿貞，奏祖乙．

01624
1. □未卜，㱿貞，祖乙弗左王．

01637
1. 辛巳卜，㱿貞，祖乙若．

01641

戊子卜，㱿貞，祖乙⋯　　九

01676 正

2. 庚寅卜，㱿貞，來辛丑卜曰....　　一 二

01677 正

1. 庚申卜，㱿貞，辛㞢豖祖辛．　　一

01679

乙□〔卜〕，㱿貞，㞢于祖辛十□．　一　二
二

01692

壬辰卜，㱿貞，㞢于祖辛．　一

01696

丁酉卜，㱿貞，㞢于祖辛．

01703

丙午卜，㱿貞，㞢于祖辛．　二

01708

2. 壬辰卜，㱿貞，步斷.

01716

1. □□〔卜〕，㱿貞，禦于祖辛．

01722

2. □□〔卜〕，㱿⋯

01732

乙丑卜，㱿貞，今乙丑…宰祖辛，冊十牛…　　一　五

01747 正

2. 癸丑卜，㱿貞，隹祖辛壱王凪.　　一　二告

01772

1. 庚申卜，㱿貞，昔祖丁不黍隹南庚壱.　　一 二 三 四
2. 庚申卜，㱿貞，昔祖丁不黍不隹南庚壱.　　一 二 三 二告 四 五 六
3. 庚申卜，㱿貞，乎逐廌.　　一 二 三

01773 正

1. 〔庚申卜〕，㱿貞，翌辛酉出于〔祖辛〕.　一 二 三

01778

1. 丁酉卜，㱿貞，王勿葡曰父〔乙〕…
2. 口未卜，㱿…王固〔曰〕…

01780 正

辛亥卜，㱿貞，出[illegible]白于父乙.

01785

丙申卜，㱿貞，[illegible]出于羌甲.　一

01822

3. 㱿.

01859

丙子卜，㱿〔貞〕，告祖丁.　一

01863

1. 庚子卜，殸，翌丁未酒十宰出三于祖丁.

01868 正

3. 壬子卜，殸貞，出于黃尹．　一

01878 正

1. 丁酉卜，殸貞，今日用五宰祖丁．　一

2. 丁酉卜，殸貞，勿用五宰祖丁．　一

01882

戊午〔卜〕，殸貞…于祖丁…

01889

□□卜，殸〔貞〕，祖丁…

01899 反

3. 殸.

01906

庚辰卜，殸貞，出于丁五宰.

01907

庚辰卜，殸貞，出于丁五宰.

01943

2. 庚戌卜，殸…　一　二告

01968

丙寅卜，殸〔貞，翌〕丁卯尞于…丁卯…𠕋三十宰.

02018
□〔申卜〕，㱿貞，于南庚禦⿱亠冋.

02020
□亥卜，㱿貞，祏南〔庚〕… .　三

02052 正
1. □申卜，㱿〔貞〕，王取〔⿰礻隻〕….　一

02070
□午卜，〔㱿〕貞，⿱冊口祖…

02209 反
㱿

02215
1. □□卜，㱿貞，今⿱巛口王…

02220
□□〔卜〕，㱿貞…父乙大𣪕于王.

02231
2. 戊申卜，㱿貞，若.　一　一　三　四　二告　〔五〕　六　二告　七　〔九〕
3. 戊申卜，㱿貞，祀弗若.　一　二　三　〔四〕　五　〔六〕　七　〔八〕　九

02235 正 甲
1. 壬寅卜，㱿貞，勿…⿱宀福.
2. 壬寅卜，㱿貞，王⿴囗巛隹父乙〔⿱⺊它〕.

02235 正 乙
1. 壬寅卜，㱿貞，王卩示父⿱宀福.

2. 壬寅卜，㱿貞，王𡆥隹父乙壱.

02250
2. □□〔卜〕，㱿〔貞〕，…

02264
壬戌卜，㱿貞，隹父乙.　　一 二
一　不玄冥　二　二告

02292
3. □申卜，㱿〔貞〕，…王…叀…

02335
□□〔卜，㱿貞〕，王曰…多父曰其于…曰弗用.

02357 正
1. 戊寅卜，㱿貞，于妣己禦．　一

02362 正
庚子卜，㱿貞，王㞢報于高〔妣〕己，妣□女．

02363
庚子卜，㱿貞，王㞢報于高妣己，妣庚，來己酉酒．　二

02365
□□卜，㱿〔貞〕，翌己卯□□高妣己，〔妣〕庚.

02367
1. 丁亥卜，㱿貞，于來己亥酒高妣己眔妣庚．

02373 反

7. □□卜，㱿．

02378

□卯卜，㱿〔貞〕，勿㞢于高妣〔庚〕．　一

02434 正

1. □〔酉〕卜，㱿〔貞〕，…㞢…

02438 正

甲寅卜，㱿貞，王隹㞢.

02461

戊午㱿貞，勿禦于妣庚.

02471

己亥卜，㱿貞，酒妣庚〔三垂〕.

02472

庚申卜，㱿貞，王福于妣〔庚〕…□斫…

02501

2. □□〔卜〕，㱿〔貞〕，…　　一

02518 正

□□〔卜〕，㱿貞，㞢于多妣．

02530 反

3. 婦井示百. 㱿.　　（甲橋刻辭）

02573

4. 口亥卜，設〔貞〕…　三

02627

1. 甲戌卜，設貞，勿禦婦好之于父乙.　二

02628

甲戌卜，設貞，勿苜禦婦好之于〔父乙〕.　一

02630

己卯卜，設貞，勿婦好禦.　二

02646

己卯卜，設貞，壬父乙，婦好生保.　一　三　二　三

02681 正

口丑卜，設貞，婦好……　二

02705

〔口〕巳〔卜〕，設貞，…三月…〔婦好〕…

02726 正

甲寅卜，設貞，禦婦姘于〔母〕庚.

02736

口申卜，設貞，乎婦〔姘〕黍.　二

02743

口口〔卜〕，設貞，婦姘〔言〕…

02750
□子卜，〔㱿貞，婦〕姘…受…　　　三

02768 正
□□〔卜〕，㱿〔貞〕，…

02795 反
…四．　㱿．　（甲橋刻辭）

02812
□午卜，㱿〔貞〕，婦妹子不死．

02813 正
3．□□〔卜〕，㱿〔貞〕…

02817 正
□□〔卜〕，㱿貞，…

02874
1．丙寅卜，㱿貞，其㞢〔光〕．
2．丁卯卜，㱿貞，今日夕㞢于兄丁小宰．

02932
1．□□〔卜，㱿貞〕禦□兄丁．

02945
□□〔卜〕，㱿貞，子䜌㞢…　　　一

02951
〔丁〕卯卜，㱿貞，乎子䜌…　　　二

02952

□丑卜，㱿〔貞〕，…[illegible]…弗…先…

02954

2. 〔己〕亥卜，㱿〔貞〕，王〔勿入〕.

02955

2. 己亥卜，㱿貞，王勿入.　二

02958

□□〔卜〕，㱿貞，子[illegible]…

02968

1. 丙申卜，㱿貞，子[illegible]…

2. □□〔卜〕，㱿…

02975 正

1. □巳卜，㱿〔貞〕…[illegible][illegible]□青.

2. 〔□〕午卜，㱿貞，翌乙未乎子漁出于父乙[illegible].　一

02977 反

…气. 㱿.

03032 反

1. 乙卯卜，㱿貞，曰氏出.

03033 正

1. 乙卯卜，㱿貞，乎…　一　小告　二

03061 正

3. 甲寅卜，㱿，乎子汰酒缶于[illegible].　一　二

4. 甲寅卜，㱿，勿乎子汰酒缶于[illegible]. 一 二

7. 壬申卜，㱿，翌乙亥子汰其來. 一 二

03061 反

1. 癸丑卜，㱿，隹囚.

03169 正

□□〔卜〕，㱿…曰…㞢…

03177

2. □□卜，㱿〔貞〕…

03184

□□卜，㱿〔貞〕，子僕…

03187

1. 丁□卜，㱿貞，勿禦子[illegible]…王固曰：吉 [illegible]…

03190

1. 壬戌〔卜，㱿〕貞，平子[illegible]出于[illegible]犬. 一

2. □□〔卜〕，㱿〔貞〕，平子[illegible]出于[illegible]叀犬㞢羊. 一

03198

□子卜，㱿〔貞〕，…子〔眉〕…

03216 正

1. 乙丑卜，㱿貞，酒子凡于祖丁五宰. 一

2. 〔乙〕丑卜，㱿貞，先酒子凡父五乙三宰. 一

6. 乙卯卜，㱿貞，湝. 一 一 一 〔二〕〔三〕〔四〕五

03221

☐☐卜，㱿〔貞〕，禦子〔〕…母…

03223

2. 辛亥卜，㱿貞，于乙〔用〕…

3. 辛亥卜，㱿貞，勿于乙用…

4. ☐☐卜，㱿貞，今日王〔往〕…

03273 反

庚戌卜，㱿，永.

03279

乙未〔卜〕，㱿〔貞〕… 牛十邑子左子亡…

03280

1. 甲☐〔卜，㱿貞〕，…饗.　　一　一

03288

甲申卜，㱿貞，侯…其…　　二

03296 正

1. 乙亥卜，㱿貞，王…

2. 戊戌卜，㱿貞…

4. ☐酉卜，㱿貞．乎…

03297 正

1. 丁酉卜，㱿貞，乎宅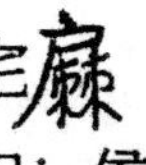

2. 戊戌卜，㱿貞，王曰：侯虎毋歸.

3. 戊戌卜，㱿貞，王曰：侯虎往余不棘其合，氏乃事歸.

5. 己亥卜，㱿貞，王曰：侯虎余其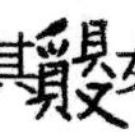女事．受…

03301

1. 〔戊〕戌卜，㱿…

2. 乙亥卜，㱿貞，王曰：侯虎余其⿰貝𠬝女〔事〕。受…　　二

03303

1. 丁□〔卜，㱿貞〕…

03312 反

戊申卜，㱿〔貞〕…伐…

03339

□巳卜，㱿貞，王从侯告。

03342

1. □巳卜，㱿貞，王勿卒⿱戈月侯告。

03374

乙未卜，㱿貞，王曰侯…

03380

辛巳卜，㱿貞，王从昜伯⿱止⿰矢矢。

03381

辛巳卜，㱿貞，叀昜伯⿱止⿰矢矢从。　　三

03384

壬午〔卜〕，㱿貞，王叀昜伯⿱止⿰矢矢从。

03390

□酉卜，㱿貞，畢氏昜陷。

03391

□□〔卜〕, 㱿〔貞〕…昜…

03453

□□卜 , 㱿, 翌甲辰出上甲男…

03458 正

9. 庚申卜 , 㱿貞, 我亡乍𡆥. 一

10. 庚申卜 , 㱿貞, 我出乍𡆥. 一 二

03458 反

1. 庚申卜 , 㱿.

03467 正

1. 己酉卜 , 㱿貞, 出于黃尹五〔牛〕. 三

03487 正

庚□〔卜〕, 㱿貞, □于黃〔尹〕.

03497 反

…㱿.

03516

1. 庚戌卜 , 㱿 ,桒于盡〔戊〕. 一

03525

1. 戊戌卜 , 㱿…

2. 戊戌卜 , 㱿,…

3. 戊戌卜 , 㱿…

4. 戊戌卜 , 㱿…

03526

1. 庚辰卜，㱿貞，…
2. 庚辰卜，㱿貞，…
3. □□〔卜〕，㱿貞，…

03527

1. 戊辰卜，㱿貞，王…
2. 戊辰卜，㱿貞，王…
3. 〔己〕巳卜，㱿貞，沚戠
4. 癸酉卜，㱿貞，叀…
5. 〔癸〕酉卜，㱿〔貞〕…

03528 正

1. □午卜，㱿貞，…
2. □□卜，㱿〔貞〕，…

03529

1. 辛亥卜，㱿貞，…
2. □亥卜，㱿貞，…

03530 正

1. 丁巳卜，㱿貞，…
2. 辛酉卜，㱿貞，王…

03531

1. 戊申卜，㱿.
2. 癸亥卜，㱿.

03532

1. 辛丑卜，㱿貞，翌乙…
2. □□卜，㱿貞，…

03533

乙巳卜，㱿貞，…

03534 正

□子卜，㱿貞，㞢于□□.　　一　二　三　四　五

03535 正

〔戊〕戌卜，㱿貞，既…

03536

庚辰卜，㱿貞，叶…

03537 正

戊寅卜，㱿貞.　二

03538 反

1. 〔癸〕亥卜，㱿貞…
2. □□〔卜〕，㱿貞，翌…

03539

戊辰卜，㱿貞，〔翌〕辛〔未〕…　一

03540

壬申卜，㱿貞，…　二告　三　四　五　六

03541

□辰卜，㱿貞，…之…　一　二　七

03542

壬申卜，㱿貞，其□.

03543
己巳卜，㱿貞，不其亦囗.

03544 正
丁卯卜，㱿貞，…

03545
庚子卜，㱿貞，〔乎〕…　　一

03546
己卯卜，㱿貞，妣庚…

03547
〔乙〕未卜，〔㱿〕貞，王…　十一月.

03548 正
庚申卜，㱿〔貞〕，…

03549 正
1. 丁酉卜，㱿貞，乎…

03550
戊戌卜，㱿貞，來乙亥王…

03551
2. 囗囗卜，㱿貞，…

03552
壬申〔卜〕，㱿貞，…畢〔其〕…

03553
1. 丁巳卜，㱿貞，自〔今至于〕…

03554
癸巳卜，㱿貞，□…

03555 正
2. 庚申卜，㱿…

03556
乙酉卜，㱿貞，□…

03557
戊戌卜，㱿貞，…

03558
□□〔卜〕，㱿貞，勿 □…

03559
□□〔卜〕，㱿貞，畢…　　二

03560
□□〔卜〕，㱿貞，…母．二月．

03561
戊戌卜，㱿．　　一

03562
戊午卜，㱿貞，我出…

03563

1. □□〔卜〕, 𣪊〔貞〕…

03564

□□〔卜〕, 𣪊貞, …□乎…

03565 正

□□〔卜〕, 𣪊貞, …〔王〕⊡曰…

03566

〔戊〕辰卜, 𣪊〔貞〕, 翌辛未…　　二　三

03567 正

癸丑卜, 𣪊〔貞〕, …亡…

03568 甲

丙辰卜,〔𣪊貞〕, …

03568 乙

丙辰卜, 𣪊〔貞〕, …

03569

1. 乙〔巳卜〕, 𣪊〔貞〕, …戊…

03570 正

□□〔卜〕, 𣪊貞, …不…

03571 反

戊〔申〕卜, 𣪊.　一

03572

□〔申〕卜，㱿〔貞〕，…

03573 正

庚午〔卜〕，㱿貞，其…

03574

1. □□〔卜〕，㱿貞，…

03575

癸□〔卜〕，㱿貞，□隹𡆥

03576

□□〔卜〕，㱿〔貞〕，…其…又．三月．　三 四

03577 正

□□卜，㱿〔貞〕，… 三

03578

□□〔卜〕，㱿貞，…

03579

□丑卜，㱿，今日…　二告

03580

壬子㱿…　一

03581

□□卜，㱿〔貞〕，效乎…　二告

03582

□□卜，㱿(貞)，□𠕋…　　五

03583

(戊)戌卜，㱿(貞)，云卣(隹)…

03584 正

□□卜，㱿(貞)，…

03585 正

□□卜，㱿(貞)，…未[illegible]…

03586 正

□子(卜)，㱿(貞)，…(乙)卯([illegible])…

03587

□□(卜)，㱿([illegible]貞，旬…

03588

己□(卜)，㱿(貞)，…牧…其…

03589 正

1. □□(卜)，㱿(貞)，…

03590

癸□(卜)，㱿(貞)，…　一

03591

□(午)卜，㱿(貞)，…

03592 正

□□〔卜〕, 𣪊〔貞〕, …乎…　　一

03592 反

…𣪊…往…

03593

1. □□〔卜〕, 𣪊〔貞〕, …方…不其失…

03594

□□〔卜〕, 𣪊〔貞〕, …立…

03595 正

1. 〔辛〕□〔卜〕, 𣪊〔貞〕, …

03596 正

2. 癸巳卜 , 𣪊〔貞〕, …

03597

1. 乙未卜 , 𣪊貞, 曰沚…

03598

2. 癸卯卜 , 𣪊〔貞〕, …

03599

2. 〔戊〕辰卜 , 𣪊貞, 我…

03600

2. □□卜 , 𣪊貞, 尞于…

03601

3. 乙未卜，㱿貞，宂…

03602

2. □□卜，㱿貞，〔史〕…

03603

1. 乙巳卜，㱿貞，…

03604

2. 乙未卜，㱿〔貞〕，…

03605 正

2. □□〔卜〕，㱿貞，〔史〕…

03606

1. □□卜，㱿貞，…

03607

2. 乙卯卜，㱿貞，今…王…　不玄冥　五

03608

1. 乙巳卜，㱿貞，〔乎〕…
2. 癸丑卜，㱿貞，…
3. 癸丑卜，㱿貞，我…

03609 正

1. 己亥卜，㱿〔貞〕，…
2. 己亥卜，㱿〔貞〕，…

1. 〔癸〕巳卜，殻𡧊貞，旬亡囚.
2. □□〔卜，殻〕𡧊貞，旬亡囚.

03611 反
殻.

03612
殻.　一　一

03613
殻.

03614
殻.

03615
殻.

03616
殻.

03617
殻.

03618
殻.　一

03619
殻.

03620 正
2. 殸.

03621
1. 殸.

03622
殸. 一

03623
殸.

03624
殸.

03625
殸.

03626
殸.

03627
2. 殸.

03628
2. 殸.

03629
殸. 一

03630
2. 散.

03631
2. 散.

03632
2. 散.

03633
散.

03634
2. 散.

03635
2. 散.

03636
散.

03637 正
散.

03638
散.

03639
散.

03640
殼.

03641
殼.

03642 反
殼.

03643 反
殼.

03644
殼.

03645
殼.

03646
殼.

03904
3. 丙午卜，殼[貞]，…

03945 正
1. 戊寅卜，殼貞，沚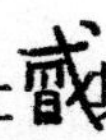其來.　　二
3. 戊寅卜，殼貞,雷其來.　　二

03946 正
1. 戊寅卜，殼貞，沚其來.　　三
3. 戊寅卜，殼貞，雷其來.　　三

03947 正

1. 戊寅卜，㱿貞，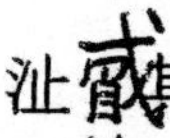其來. 四

3. 戊寅卜，㱿貞，雷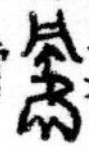其來. 四

03958

1. 甲午卜，㱿貞，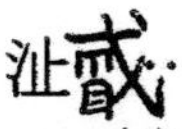…下上若，受我〔又〕.

2. 乙未卜，㱿貞，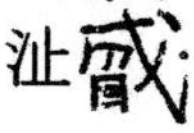…

03963 正

□□卜，㱿貞，

03979 正

1. 丙戌卜，㱿貞，允其來. 十三月. 一

2. 丙戌卜，㱿貞，不其來. 一

7. 丙戌卜，㱿貞，其來. 一 二 三 四 五 六 七 八 九

03990 反

㱿.

04002

□□〔卜〕，㱿〔貞〕，…令乘先歸. 九月.

04021 正

3. □□卜，㱿貞，出于…

04024 正

□巳卜，㱿〔貞〕，… 二

04029

2. □〔亥〕卜，〔㱿貞〕，…

04032

□未卜，㱿〔貞令〕 …共…于… 二

04055 正

2. 甲午卜，㱿貞，乎畢先 禦尞于河． 三

04056

1. 〔丙〕戌卜，㱿貞，戉隹…

2. 壬辰卜，㱿貞，翌乙〔未〕…

4. □□卜，㱿貞，乎畢先 禦尞…

04100

1. 戊午〔卜〕，㱿貞．隹王…

04102

戊寅卜，㱿貞，出

04103

甲□〔卜〕，㱿貞，不其…

04108

1. 乙巳〔卜〕，㱿貞，□雀…

04123

2. □□卜，㱿貞，雀亡〔 囚〕．

04124

1. 丁酉卜，㱿貞，雀〔亡〕 囚．

04142

1. 戊戌卜，㱿〔貞〕，乎雀…尞…十牛． 三

04157
2. □未〔卜〕, 㱿〔貞〕,…雀…

04194
2. □□卜 , 㱿〔貞〕, 其𦃇㞢囚.

04205
1. □□卜 , 㱿〔貞〕…㓝…

04207
□□〔卜〕, 㱿〔貞〕…𠦝…羌. 三

04209
1. 戊申卜 , 㱿貞, 王𡇂沐𠦝. 三
2. 戊申卜 , 㱿貞, 王勿𡇂沐𠦝. 三

04244
□□卜 , 㱿貞, 乎自…

04250
□□〔卜〕, 㱿貞, 自□㞢〔 囚〕.

04272
丁亥卜 , 㱿貞, 戉其㞢𡆥. 四 二告

04277
2. □□卜 , 㱿貞, 戉从…

04284
2. 辛亥卜 , 㱿貞, 乎戉往𠃊 祉.
5. 辛亥卜 , 㱿貞, 乎𡥈𠂤妻, 不𡆥. 六月.

04288 正

2. 癸巳卜，㱿貞，出于…

04293

丙申卜，㱿貞，戉出(其)…

04294

□申卜，㱿貞，戉其…于…

04295

1. □□卜，㱿(貞)，曰戉…

04301

1. 乙亥卜，㱿貞，乎商从

04307 正

1. □□(卜)，㱿貞，曰帚歸來(我)…
2. □□(卜)，㱿貞，自王令…

04369 正

(壬)申卜，㱿(貞)，㭬(年)…

04452 正

2. 甲申卜，㱿貞，自今(至)…　　　一　二告　二　　小告　二

04469 正

□(亥)卜，㱿…

04470 正

□□卜，㱿貞，…祖…

04477 反　甲

…㱿…

04483 正

1. 乙未卜，㱿貞，光出…

04483 反

㱿.

04499 正 乙

1. 丁亥卜，㱿貞，卯氏出正.　　三　四　三　四

04547

□□卜，㱿貞，　氏[illegible]妻…

04553

辛亥卜，㱿貞，　叀[illegible]乎.

04559 正

□□〔卜〕，㱿〔貞〕，…〔 囚〕.

04632 正

1. 乙卯卜，㱿貞，今日王勿往于〔𦎫〕.　　三

2. 乙巳卜，㱿貞，犬祉其工.　　二

04647 正

□□〔卜〕，㱿貞，[illegible]弗…

04651

乙亥卜，㱿貞，臭〔弗〕其…

04657

□□〔卜，㱿〕貞，龍其出…

04722

□□卜，㱿〔貞，王遣，若〕.

04769 正

1. 丙辰卜，㱿貞，今我其自來.　一　二　三　四　五　六　七

2. 丙辰卜，㱿貞，今我不其自來.　一　二　三　四　五　六　七

04821

□丑卜，〔㱿〕貞，乎□前于…

04825 反

癸□卜，㱿貞，甗.

04871

1. 丁未卜，㱿貞，稟至…

04872 正

1. 壬辰卜，㱿貞…

04873

2. 辛巳卜，㱿〔貞〕…

04903 正

1. □□卜，㱿貞，…告…

05036

1. 丙午卜，㱿貞…

05037 正

戊寅卜，殻貞，王弓口令．　二

05044

1. 甲午卜，殻貞，叀王令隹黃．

2. 甲午卜，殻貞，令[illegible]隹黃．

05050

乙丑卜，殻貞，王勿乎〔去〕…

05057 甲

□□〔卜〕，殻貞，示若，王其出．五月．　一　二　三

05058

□□〔卜〕，殻貞，今[illegible]王出．

05068

1. □□卜，殻貞，王于□□出．　一　二告

2. □□卜，殻貞，王勿出．戠．二月．　一

05074

1. 乙未卜，殻貞，叀王〔往〕．

2 乙未卜，殻．

05088

1. 乙卯卜，殻貞，叀王往酒…

2. 戊午卜，殻貞，〔戌〕…　五

05090

□□〔卜，殻〕貞，王勿往．

05111
2. 丁卯卜，㱿貞，王勿往出.

05125
□辰卜，㱿貞，〔王〕勿往省于□.

05134
2. 乙未卜，㱿貞，王其去朿，告于…

05167
1. 乙酉卜，㱿貞，王于八月入.
2. 丙戌卜，㱿貞，王于八月入.　　一

05180 反
㱿. (甲橋刻辭)

05191
□□〔卜〕，㱿貞，王歸.

05195
2. □□卜，㱿〔貞〕…

05196
己酉卜，㱿貞，王□歸.

05198 乙
2. □□卜，㱿貞，王从…歸.

05213 正
丁丑卜，㱿貞，王徙步.　　小告

05213 反

…示三. 㱿.　　（甲橋刻辭）

05231

〔己〕亥卜，㱿貞，翌庚子王涉歸.

05246

4. □□〔卜〕，㱿〔貞〕…

05247 正

2. □□卜，㱿〔貞〕…

05304

癸〔亥卜〕，㱿貞，耳隹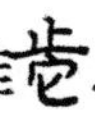.

05309

乙丑卜，㱿貞，王耳隹 囚，不…于…　　一

05353

□丑卜，㱿貞，王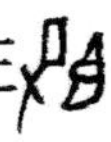〔曰〕…

05355 反

…吉，正，㱿，

05359

1. □亥卜，〔㱿〕貞，王〔往〕于□.　　二

05360

□戌卜，㱿貞，王〔乎遣〕.　　一

05363
甲戌卜，㱿貞，王不役，在□…

05376 正
丁酉〔卜〕，㱿貞，王叀…

05382
1. 丁巳卜，㱿貞，出令于弘.

05388
甲戌卜，㱿貞，今六月王…

05394 反
1. 己丑卜，㱿.

05399
1. 丙寅卜，㱿貞，王勿□□于… 二
2. 丙寅卜，㱿〔貞〕，〔王往于〕… 二

05400
2. □□卜，〔㱿〕貞，王…
3. □□卜，㱿〔貞〕..

05407
癸未卜，㱿貞，叀王自…

05410
癸未卜，㱿貞，王□□，若. 二月.

05425
1. 辛亥卜，㱿貞…

05439

6. 甲子卜，㱿〔貞〕，今〔夕〕至.

05440 正

1. 乙巳卜，㱿貞,[illegible]化叶王事.　　三

2. 乙巳卜，㱿貞,[illegible]化弗其叶王事. 七月.　　三

05441

☐巳卜，㱿貞,[illegible]化〔弗〕其叶王事.　　四

05446

1. 丁亥卜，㱿貞,[illegible]亡 囚，叶王事.　　一　二　三　四　〔五〕

2. 〔丁亥卜，㱿〕貞,[illegible]…　　一　二

05447 丁

☐申卜，㱿貞,[illegible]〔[illegible]㱿〕，叶王事.　　四　六

05459

2. 庚申卜，㱿貞，叶王事，龍.

05473 正

2. 庚申卜，㱿貞,[illegible]弗其叶王事.　　一

05480 反

4. 㱿.

05509 正

1. 丙申卜，㱿貞，立事，乎取于…

05509 反

丙申卜，㱿.

05513

丙辰卜…㱿，立䌙事.

05537

癸巳卜，㱿貞，使人于缶，其出曰三…　　一

05538

〔癸〕巳卜，㱿〔貞〕，使人〔于〕缶，其出曰…　　四

3. 官吏

05569 正

□□〔卜〕, 㱿〔貞〕, 王氏…臣正…

05569 反

㱿.

05576 反

□□〔卜〕, 㱿貞, 旬〔亡 囚〕.

05586

2. □□卜 , 㱿〔貞〕 …小臣…

05650

丁亥卜 , 㱿貞, 巫□〔婦〕.

05658 正

1. 甲子卜 , 㱿貞, 妥氏巫.　一　二　二告　三

05658 反

1. 甲子卜 , 㱿.

4. 軍隊、刑罰、監獄

05701 正

2. ..,㱿…

05758

1. 甲午卜，㱿貞… 取射…
2. □未卜，㱿貞，雀…
4. □□〔卜〕, 㱿貞，雀亡囚.

05763 正

□□〔卜〕, 㱿貞,…  氏射.

05770 甲

1. 癸巳卜，㱿貞，令畢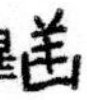射. 一

05770 乙

癸巳卜，㱿貞，叀異令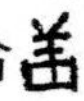射. 三

05771 甲

1. □□〔卜〕, 㱿〔貞，令〕畢…

05771 乙

癸巳卜，㱿貞，叀令異  三百射.

05772

1. 癸巳卜，㱿貞，令畢 射. 一
2. 癸巳卜，㱿貞，叀異 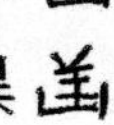 射. 一

05775 正

3. 癸丑卜，㱿貞，旨𢦏出蠱.[翟] 一

05780

□丑卜，〔㱿貞〕，令射…　　　二

05805

丙午卜，㱿貞，勿乎𠂤往見出𠂤.　　　一　　二告

05806

□□卜,〔㱿〕貞，勿乎𠂤見出𠂤.　　　四

05840 正

壬午卜，〔㱿〕貞，尹卒冤. 王固曰：其卒. 七日戊〔子〕尹允卒.

05846

癸巳卜，㱿貞，卒□.

05847

□□卜，㱿〔貞〕，卒.　　　六

05848

□亥卜，㱿貞,□ 叀出又卒.

05896

2. □卯卜，㱿貞,𠦪…　　　二告

05908

3. 丙子〔卜〕，㱿〔貞〕，禦婦婐〔于〕庚,𠕋….

4. 丙子卜，㱿貞，勿禦婦婐〔于〕庚…

05962
□□卜，殻〔貞〕,…執…　　六　七

05978
1. 壬□卜，殻.

06001 反
…五. 殻.

6002 正
乙酉卜，〔殻〕貞，刖〔奠〕.

06003
□寅卜，殻貞，其出刖.

06007
1. 辛卯卜，殻貞，刖…

06032 正
1. 甲戌卜，殻貞，翌乙亥王⿱金止首亡⿴囗卜.　　一　二　三　四

06037 反
6. 己未卜，殻.

5. 戰爭

06057 正

2. 癸未卜，㱿[貞，旬亡𡆥]．　　一

3. 癸巳卜，㱿貞，旬亡𡆥．王固曰：出[]，其出來艱，气至五日丁酉，允出來[艱自]西．沚告曰：土方征于我東啚，[]二邑．𢀛方亦侵我西啚田．

4. 癸卯卜，㱿貞，旬亡𡆥．王固曰：出，其出來艱．五日丁未，允出來艱，禦[]（失）自圉六[人]．

06070 反

1. 癸亥卜，㱿貞，…[日]丁卯…

2. 癸未卜，㱿[貞]，…[出]，[其出來艱]…

06087 正

1. 壬子卜，㱿貞，𢀛方出不隹我出乍𡆥．五月．

2. 壬子卜，㱿貞，𢀛方出隹我出乍𡆥．

06090 正

[庚]午卜，[㱿]貞，𢀛方來隹隹[]我𡆥．

06093 正

4. 癸巳卜，㱿貞，出[大]…

5. 癸巳卜，㱿貞，登人…

06098

己卯卜，㱿貞，𢀛方出，王自征，下上若，我[其受又]．

06128
乙丑卜，㱿貞，曰：𢀛方其至于𤉲土，其出…　三

06129
〔乙〕丑卜，㱿〔貞〕,曰：𢀛〔方〕其至于𤉲〔土〕，其出…　四

06131 正
1. □□卜，㱿貞，𢀛方其至于𠂤.
5. □□卜，㱿貞，王往𠂤于𣲝

06145
3. 乙酉卜，㱿.

06153
1. 庚子卜，㱿貞，匄𢀛方于好𠈇.　一　二

06154
戊子卜，㱿貞，匄𢀛方于…　一

06170 正
1. □卯卜，㱿貞，登人三千乎…
2. 壬辰卜，㱿貞，勿𦰩登人…𢀛方…

06171
戊寅卜，㱿貞，勿登人〔三千〕乎伐𢀛方，弗〔其受出又〕.

06172
1. 丁卯卜，㱿貞，翌辛未令…受…
2. 癸巳卜，㱿貞，共人〔乎伐〕𢀛方，受出又.
3. 丙午卜，㱿貞，登人三千乎〔伐𢀛方，受出又〕.
4. 丙午卜，㱿貞，翌丁未酒〔中丁，易日〕　二　二　二　二

06173

1. 〔丁卯〕卜，㱿貞，翌辛未令伐𢀛〔方，受㞢又〕.
2. 癸巳卜，㱿貞，共人乎伐𢀛〔方〕，受〔㞢又〕.
3. 〔丙午卜，㱿貞，登人〕三千乎伐𢀛方．受〔㞢又〕.
4. 〔丙午卜，㱿〕貞翌丁未酒中丁，易日.

06174

1. 〔丁卯〕卜，㱿貞，翌辛未令伐𢀛方，受〔㞢又〕.
2. 癸巳卜，㱿貞，共人乎伐𢀛〔方〕，受〔㞢又〕.　　二告
3. 〔丙午卜，㱿貞，登〕人三千乎伐𢀛方，受〔㞢又〕.
4. 〔丙午〕卜，㱿貞，翌丁未酒中丁，易日.

06184

壬申卜，〔㱿〕貞，共人乎〔〕𢀛〔方〕.

06185

1. 戊寅卜，㱿貞，勿乎自般从.　　四
2. 庚寅卜，㱿貞，勿人三千乎望𢀛〔方〕.　　四

06197

1. 〔辛〕丑卜，㱿貞，𢀛方其來，王勿逆伐.　　一
2. 〔辛〕丑卜，㱿貞，需妃不死.　　一　　小告

06198

1. 辛丑卜，㱿貞，𢀛方其來，〔王勿〕逆伐.　　二
2. 辛丑卜，㱿貞，需妃不死.　　二

06199

1. 辛丑卜，㱿貞，𢀛方其來，王勿逆伐.　　三
2. 辛丑卜，㱿貞，需妃不死.　　三

06200

1. 辛丑卜，㱿貞，舌〔方其來，王勿逆伐〕.　　四

2. 辛丑卜，㱿貞，𩂣妃不死.　　四

06203

1. 辛未卜，㱿貞，王勿逆伐舌方，下上〔弗若，不我其受又〕.

2. 壬申卜，㱿貞，于河匄舌方.　　　('貞'字缺刻)

06204 正

1.〔辛〕未卜，㱿〔貞〕，　王勿逆伐舌〔方〕，下上弗若，不我其受又.　　六月.　三

2. 〔壬〕申卜，㱿〔貞〕，于河〔匄舌〕方.　　三　　三

06206 反

…㱿.

06216

乙巳卜，㱿貞，叀王往伐〔舌〕方，受〔㞢又〕.

06220

1. 辛亥卜，㱿貞，勿隹王往伐舌方.　　一

06221

2. □□卜，㱿〔貞〕…

06222　正

□□〔卜〕，㱿貞，王往〔伐〕舌方，下上若…

06249

2. □丑卜，㱿貞，翌丁〔未〕…

06258

1. 乙丑卜，㱿貞，勿伐𢀛〔方〕…
2. 辛亥卜，㱿貞，勿伐… 一

06259

2. 乙巳卜，〔㱿〕貞，我〔弗〕其受〔又〕.

06270 正

1. 辛亥卜，㱿貞，伐𢀛方，帝受〔我又〕. 一

06271

1. 辛亥卜，㱿貞，伐𢀛方，帝受〔我又〕. 四

06284

1. □寅卜，㱿貞，戉…
2. □□卜，㱿貞，伐𢀛方…
3. □卯卜，㱿貞，叀畢…

06294

1. 丁未卜，㱿貞，勿令畢伐𢀛，弗其受〔㞢又〕.
2. 戊申卜，㱿貞，勿隹王往. 一

06295

1. 戊申卜，㱿貞，勿隹王〔往〕. 二

06300

1. □□卜，㱿〔貞〕,…

06301

1. 壬申卜，㱿貞，于唐告𢀛方. 二

06315

1. □丑卜，㱿貞，勿隹王征𢀛方，下上弗若，不我其受〔又〕.　四

06316

1. 癸丑卜，㱿貞，勿隹王征𢀛方，下上弗若，不我其受又.　五

2. 癸丑卜，㱿貞，勿隹王征𢀛方，下上弗若，不我其〔受又〕.　五

06317

1. 癸丑卜，㱿貞，勿隹王征𢀛方，下上弗若，不我其受又.　六

06318

1. □申卜，㱿〔貞〕,王勿〔征〕𢀛方，〔下上〕弗若，不我〔其〕受又.　一

06319

庚申卜，㱿貞，王勿征𢀛方，下上弗若，不〔我其受又〕.　二

06320

庚申卜，㱿貞，王勿征𢀛方，下上弗若，不我其受又.　三　二告

06321

庚申卜，㱿貞，王勿征𢀛方，下上弗若，〔不〕我其受又.　五　二告

06330 正

1. 乙丑卜，㱿貞，于保𢀛方.　二

06334 反

3. 己□卜，㱿.

06342

1. 癸丑卜，㱿貞，𢀛方其　.

2. 癸丑卜，㱿貞，異𠬝𢀛.　三

06344

1. 甲申卜，㱿貞，勿乎婦姘氏燕先于.　　三　二告

2. 乙酉卜，㱿貞，舌方還，王其勿告于〔祖〕乙.　　三

06345

1. 甲申卜，㱿貞，勿乎婦姘氏燕先于.　　四

2. 乙酉卜，㱿貞，舌方還率伐不，王其征，勿告于祖乙.　　四

06347

1. □□〔卜〕，㱿貞，乎婦姘氏燕先于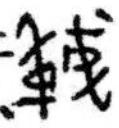.

2. □□〔卜〕，㱿貞，舌方還率伐不，王告于祖乙，其正匄又. 七月.

3. □□〔卜〕，㱿貞，舌方還率伐不，王其正，告于祖乙，匄又.

06349

4. □酉〔卜〕，㱿.

06354 正

1. 壬辰卜，㱿貞，今王德土方，受㞢〔又〕.

2. 癸巳卜，㱿貞，今王德土方，受㞢〔又〕.

06370

□□卜，㱿貞，〔舌〕方〔弗〕允〔〕戉. 十月.　　一　二告　一

06371

己巳卜，㱿貞，舌方弗允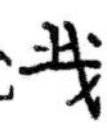戉. 十月.　　三　不玄冥

06373

□□卜，㱿貞，舌方允戉.

06379 正

□丑卜，㱿貞，〔令〕戉來，戉伐〔舌〕方. 七月.　二

06383 正

□酉卜，〔𣪊貞，土〕方…〔亦〕…

06398

1. 庚申卜，𣪊貞，今𢀛王循土方，〔受〕㞢〔又〕．　一

2. 庚申卜，𣪊貞，伐土方，受〔㞢又〕．

06399

1. 庚申卜，𣪊貞，今𢀛王循伐土方．

2. 庚申卜，𣪊貞，今𢀛〔王〕循…

06401

2. □□〔卜〕，𣪊貞，沚戓爯冊，王勿[illegible]从．五月．

06405 正

□戌〔卜〕，𣪊貞，〔沚〕戓 爯冊土〔方〕，王从…

06409

丁酉卜，𣪊貞，今𢀛王共人五千征土方，受㞢又．三月．三

06410

丁酉卜，𣪊貞，今𢀛□□人□□征土〔方，受㞢又〕．　　五

06415

〔丁〕巳卜，𣪊貞，王叀沚戓从伐土〔方〕…

06416

丁巳卜，𣪊貞，王叀沚戓从伐土方…

06418

辛巳卜，𣪊貞，今𢀛王叀戓从伐土方，下上若，受…

06421

辛酉卜，㱿貞，王从沚伐土〔方〕…　　一

06426

1. □□〔卜〕，㱿貞，今𢀛王伐土方，〔受㞢又〕.

06427

1. □□〔卜〕，㱿貞，今𢀛王伐土方，受〔㞢又〕.

06430

1. □□〔卜〕，㱿〔貞，今〕𢀛王〔伐〕土方，受〔㞢又〕. 十二月.　　一　　二告

06431

4. □□〔卜〕，㱿貞，㞢于黃尹.

06435

□□〔卜，㱿〕貞，沚戠… 伐土〔方〕…

06441

戊午卜，㱿貞，今𢀛王征土方，王𡆥曰：甲申其㞢酘，吉. 其隹甲戌㞢酘于東…隹甲戌㞢酘…

06442

乙卯卜，㱿貞，王叀土方征.　　三　　（'㱿'字缺刻）

06443

乙卯卜，㱿貞，王叀土方征.　　四

06454

2. □□〔卜，㱿〕貞，土方還…伐，受〔㞢又〕.

06460 正

1. 辛亥卜，㱿貞，王叀易白𡧊从．　一　二　三　四

2. 辛亥卜，㱿貞，王勿隹易白𡧊从．　一　二　三　四

5. 己巳卜，㱿貞，我受年．　四

06468

1. 丙申卜，㱿貞，𢦏爯冊，〔乎从伐巴〕．　〔一　二〕　三　四　五　六　七　〔八〕九　二告　十

2. 丙申卜，㱿貞，𢦏爯冊，〔勿〕乎从伐巴．　一　二　三　四　二告　五　六　七　〔八〕九　十　〔一〕　二

06469 反

☐酉卜，㱿．

06472 反

㱿．

06475

7. 㱿．

06482

1. 辛酉卜，㱿貞，今𡆥王从望乘伐下危，受㞢又．　一

2. 辛酉卜，㱿貞，今𡆥王勿从望乘伐下危，弗其受㞢又．　一

3. 辛酉卜，㱿貞，〔王从沚𢦏〕．　一

5. 辛酉卜，㱿貞，王叀〔沚〕𢦏〔从〕．　一

6. 辛酉卜，㱿貞，王勿隹𢦏从．　一

06483 正

1. 辛酉卜，㱿貞，今𡆥王从望乘伐下危，受㞢又．　二

2. 辛酉卜，㱿貞，今𡆥王勿从望乘伐下危，弗其受㞢又．　二

3. 辛酉卜，㱿貞，王从沚𢦏．　二

4. 辛酉卜，㱿貞，王勿从沚戠.　二
5. 辛酉卜，㱿貞，王叀沚戠从.　二
6. 辛酉卜，㱿貞，王勿隹沚〔戠从〕.　二

06484
1. 辛酉卜，㱿貞，今𡆥王从望乘伐下危，受㞢又.　三
2. 〔辛〕酉卜，㱿貞，今𡆥〔王〕勿从望乘〔伐〕下危，弗〔其〕受㞢又.　三
5. 辛酉卜，㱿貞，王叀沚戠从.　三
6. 辛酉卜，㱿貞，王勿隹沚戠从.　三

06485 正
1. 辛酉卜，㱿貞，今𡆥王从望乘伐下危，受㞢又.　四
2. 辛酉卜，㱿貞，今〔𡆥王〕勿从望乘伐下危，弗其受㞢又.　四
3. 辛酉卜，㱿貞，王从戠.　四
5. 辛酉卜，㱿貞，王叀沚戠从.　四
6. 〔辛酉卜，㱿貞，王勿隹沚戠从.　四〕

06486 正
1. 辛酉卜，㱿貞，今𡆥王从望乘伐下危，受㞢又.　五
2. 辛酉卜，㱿貞，今𡆥王勿从望乘伐下危，弗其受㞢又.　〔五〕
5. 辛酉卜，㱿貞，王叀沚戠从.　五
6. 辛酉卜，㱿貞，王勿隹沚戠从.　五

06488
辛巳卜，㱿貞，今𡆥王从望乘伐下危，受〔㞢〕又.　一

06494
〔庚〕申卜，㱿貞，今𡆥王从望乘伐下危，〔弗〕若，〔不〕我〔其受又〕.　四

06498
1. □午卜，㱿貞，王从望乘伐下危，受又.

3. □□卜，㱿貞，我其巳穷乍，帝降若.

4. □□〔卜〕，㱿貞，我勿巳穷乍，帝降不若.

06507

1. 戊午卜，㱿貞，王勿…

2. 戊午卜，㱿貞…

3. 壬戌卜，㱿貞，王从〔望〕…

06513

丙申卜，㱿貞，今　王勿伐下危，弗其受㞢又.　　三

06516

乙卯卜，㱿貞，〔王勿〕从望乘伐下危，弗其受〔㞢〕又.

06518

辛丑卜，㱿貞，今旾勿乎从〔望〕乘伐下危，弗其受㞢又.　　二　　(‘望’字缺刻)

06519

辛丑卜，㱿貞，今旾乎从望乘伐下危，受㞢又.

06534

1. □□卜，㱿貞，今旾王徝中方，受㞢〔又〕.

06536

1. □卯卜，㱿貞，犬征其㞢剢.

2. □□卜，㱿貞，犬征亡剢.

3. □□卜，㱿貞，王[illegible]于[illegible]，廼乎[illegible]中〔方〕…

06543

2. □午卜，㱿貞，王伐[illegible]方，帝受我又. 十〔三〕月.

06550

1. 乙丑卜，㱿貞，今[illegible]王伐[illegible]方　，受出又.
2. 〔乙〕丑卜，㱿貞，今[illegible]王叀征，受出又.

06552 正

2. 辛丑卜，㱿貞，王…叀[illegible]〔候虎〕伐[illegible]方，受〔出又〕.

06566 正

1. 壬辰卜，㱿貞，戉𢦏[illegible]方.

06568 正

2. 戊戌卜，㱿貞，戉𢦏[illegible]方.
3. □□卜，㱿貞，乎从□[illegible][illegible].
4. □□〔卜〕，㱿貞，婦好使人于眉.
5. □□〔卜〕，㱿貞，王曰：亡其疾.

06569

己未卜，㱿貞，[illegible]克[illegible]　　一

06571 正

1. 辛丑卜，㱿貞，今日子[illegible]其[illegible]基方缶𢦏. 五月.
2. 辛丑卜，㱿貞，今日子[illegible]其[illegible]基方缶弗其𢦏.　三
3. 壬寅卜，㱿貞，自今至于甲辰子[illegible]弗其𢦏基方.　三
4. 壬寅卜，㱿貞，自今至于甲辰子[illegible]𢦏基方.　三
5. 壬寅卜，㱿貞，尊雀叀[illegible]基方.　三
6. 壬寅卜，㱿貞，子[illegible]不[illegible]𢦏基方.　三
10. 壬寅卜，㱿貞，曰：子[illegible][illegible]癸𦎫. 五月.　三
11. 甲辰卜，㱿貞，翌乙巳曰：子[illegible]𦎫，至于丁未𢦏.　三

06573

1. □□〔卜〕，㱿〔貞〕，…　一

2. 甲戌卜，㱿貞，雀壬子商征基方，克.

4. □□〔卜〕，㱿〔貞〕…

06576

丙戌卜，㱿貞，我□基方弗〔其〕𢦏.

06577

1. 乙亥卜，㱿貞，雀出乍𡆥.　一　二　三　四

2. 乙亥卜，㱿貞，雀亡乍𡆥.　一　二　三　四

06579

4. 己卯卜，㱿〔貞〕,…

06580

乙亥卜，㱿貞，〔子〕商弗其𢦏〔基方〕.

06581

〔己〕卯卜，㱿貞，基其𢦏.

06590

己酉卜，㱿〔貞〕，令般取龍〔白〕.　二

06609

2. □□〔卜〕，㱿，〔貞〕,…

06610 反

戊辰卜，㱿.

06613

1. □□〔卜〕，㱿貞，乎[illegible]禦…

2. □□〔卜〕，㱿貞，乎 禦羌…

06614 正

戊午卜，㱿貞，勿乎 禦羌于九，弗其隻.

06615

戊午卜，㱿貞，勿乎 禦羌于九，弗其隻.

06616 正

丙辰卜，㱿貞， 禦羌于河.

06616 臼

井示. 㱿.

06626

1. 己酉卜，㱿，王叀北羌伐. 一

06627

己酉卜，㱿貞，王叀北羌伐.

06630 正

□戌卜，㱿貞，𢦏羌龍.

06636 正

丙辰卜，㱿貞，弔羌龍. 三

06639

己未卜，㱿貞，王登三千人，乎伐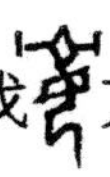方，𢦏. 一

06640

己未卜，㱿貞，王登三千人，乎伐方，𢦏. 三

06641

己未卜，𣪊貞，王登三千人，乎伐𢀛方，𢦏.　四

06642

己未〔卜，𣪊〕貞，王登三千人，乎伐𢀛方，𢦏.　八

06643

〔己〕未卜，𣪊〔貞〕，王登〔三〕千〔人〕，乎伐〔𢀛方〕，𢦏.

06647 反

4. 壬申卜，𣪊.

06648 正

4. 庚寅卜，𣪊貞，[illegible]化𢦏[illegible][illegible]隹.　一　二　三　四　五　六　七　八　九　十　二告　一　二

06653 正

1. 甲午卜，𣪊貞，王奏丝玉咸，左.　二
2. 甲午卜，𣪊貞，王奏丝玉咸，弗左.　二
3. 乙未卜，𣪊貞，其出爯婦好[illegible].

06653 反

2. 甲辰卜，𣪊.
3. 丙子卜，𣪊.

06656

1. 戊□卜，𣪊貞，〔[illegible]〕[illegible]化𢦏[illegible].王固曰：隹乙，其隹甲，弘[illegible].　一

06664 正

1. 甲申卜，〔𣪊〕貞，隹〔父〕乙降齒.　一　二
2. 〔甲申〕卜，𣪊貞，不隹〔父〕乙〔降〕齒.　一　二

06737

1. 囗午卜，㱿貞，今王循方，帝受〔我又〕.

06748

己囗〔卜〕，㱿貞，〔勿〕隻征方.

06764

戊戌卜，㱿貞，戉得方𢦏. 二

06765

戊戌卜，㱿貞，戉得方〔𢦏〕.

06767

1. 〔丙〕寅卜，㱿貞，勿曰:方我. 二

06778 反

4. 癸未卜，〔㱿〕.

06811

囗囗卜，㱿〔貞〕，方𢦏叀王囗〔征〕. 一

06830

1. 壬子卜，㱿〔貞，我〕𢦏宙. 王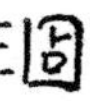曰: 吉，𢦏. 旬㞢三日甲子允𢦏. 十二月. 一

2. 壬子卜，㱿貞，〔我〕弗其𢦏宙. 二

06834 正

12. 辛酉卜，㱿，翌壬戌不至. 一 二告

13. 癸亥卜，㱿貞，我史𢦏缶. 一 二 二告

14. 癸亥卜，㱿貞，我史毋其𢦏缶. 一 二 二告

15. 癸亥卜，㱿貞，翌乙丑多臣𢦏缶. 一 二

17. 乙丑卜，㱿貞，子弗其隻先.　一　二　三　二告

06834 反

1. 辛酉卜，㱿貞，我亡.

2. 辛酉卜，㱿貞，□〔不〕…〔囚〕.

3. 㱿.

06858

□寅卜，㱿貞，共人〔征〕罗.

06859

□寅卜，㱿〔貞〕，王共人〔征〕罗.

06860

丁卯卜，㱿貞，王𦎫缶于罗.

06861

丁卯卜，㱿貞，王𦎫缶于罗.　七

06862

丁卯卜，㱿貞，王𦎫缶于罗.　九　二告

06863

丁卯卜，㱿貞，王𦎫缶于罗. 三月.

06864

庚辰卜，㱿貞，王𦎫缶于〔罗〕.

06867

1. 丁酉卜，㱿貞，王叀乙𦎫缶，𢦏.

06874

2. □寅〔卜〕, 殸〔貞, 令〕…

06877 正

1. 庚申卜, 殸貞, 伐盧屰𢦏.

06881

□□〔卜〕, 殸〔貞〕, 衛不我𢦏. 一

06883

辛未卜, 殸貞, 王戎衛〔受又〕.

06884

辛未卜, 殸貞, 王戎衛〔受又〕.

06885

辛未卜, 殸貞, 王戎衛〔受又〕.

06886

辛未卜, 殸貞, 王戎衛受又. 九 二告 一 二

06887

3. □申卜, 殸貞, 大丁乎王𦎫衛.

06890

庚子卜, 殸貞, 我勿戎衛. 十一月. 二

06892 正

甲辰卜, 殸貞, 今我其卒衛. 不〔我〕𢦏于𢦔

06893

□辰卜，㱿貞，今我其〔卒〕衛其…

06894

1. 乙未卜，㱿〔貞〕，翌庚〔子〕卒于□示四牛.

06896

1. □酉卜，㱿貞，我𢦔衛于.一月.

06897

□□〔卜〕，㱿貞，我…𢦔衛在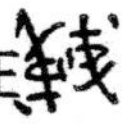.

06904

2. 壬子卜，㱿貞，王乎雀复，若.　一　二

4. □□卜，㱿〔貞〕，…其𢦔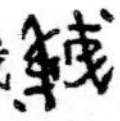.

5. □□卜，㱿〔貞〕，…弗〔其𢦔〕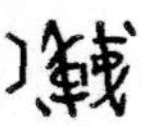.　一

06908

1. 甲午卜，㱿貞，我隻.

06909

2. 辛未卜，㱿貞，我隻.十月.

06912

□酉卜，㱿貞，亡卒.

06929

2. 丁丑卜，㱿貞，我伐猷.

06931

庚寅卜，㱿貞，乎雀伐猷.　四

06932

□□〔卜〕, 㱿貞, …伐猷.　　五

06943

2. 己酉卜, 㱿貞, 乎垂侯.　　一　二　三

6. 辛酉卜, 㱿貞, 乙丑其雨, 不隹我囚.　一

8. 辛酉卜, 㱿, 自今至于乙丑其雨. 壬戌雨. 乙丑[illegible], 不雨.　　一　二告

9. 辛酉卜, 㱿, 自今至于乙丑不雨.　　一

10. 壬申卜, 㱿貞, 亘戎其𢦏我.　　一　二　三　四

11. 壬申卜, 㱿貞, 亘戎不我𢦏. 七月.　　一　二　三　四

12. 癸酉卜, 㱿貞, 亩亡在亘.　一

13. 癸酉卜, 㱿貞, 亩[illegible].　一

14. 癸酉卜, 㱿貞, 令多奠裘棘章.　一　二

15. 甲戌卜, 㱿貞, 我馬及戎.　一

06944

1. □申卜, 㱿貞, 亘戎…隹我[illegible]其冬于之.

06945

1. 壬午卜, 㱿貞, 亘允其𢦏鼓. 八月.　　一

2. 壬午卜, 㱿貞, 亘弗𢦏鼓.　　一

3. 壬午卜, 㱿貞, 亘允其𢦏鼓.　二

4. 壬午〔卜〕, 㱿貞, 亘弗𢦏鼓.　二

13. 癸未卜, 㱿, 尞黃尹一豭、一羊, 卯一牛, [illegible]五十牛.　　二

15. 乙巳卜, 㱿貞, 㞢于祖乙一牛. 用.　　二

06946 正

5. 庚申卜, 㱿貞, 乎王族征从[illegible].　一

6. 庚申卜, 㱿貞, 勿乎王族从[illegible].　一

06946 反

1. 丁巳卜，㱿.

06947 正

6. 戊午卜，㱿貞，雀追亘… 一

7. 戊午卜，㱿貞，雀追亘㞢隻. 一

12. 己未卜，㱿，令往沚. 一 二告

13. 己未卜，㱿，勿令往沚. 一

06948 正

1. 辛丑卜，㱿貞，王夢㫃隹又. 一

2. 壬寅卜，㱿貞，婦好娩，壬辰，癸巳娩，隹女. 一

4. 癸卯卜，㱿貞，乎雀衒伐亘，𢦏.十二月. 一 二 三 四

9. 丁未卜，㱿〔貞〕,…日𡏳于…祖乙… 一 二

12. 辛亥卜，㱿，鼓氏. 一

06949 正

1. □亥卜，㱿〔貞〕，我□隻亘. 〔一〕 二

3. 〔壬寅卜〕,㱿貞，乎雀衒伐〔亘〕. 一 二 三 〔四 五〕 六

4. 壬寅卜，㱿貞，勿乎雀衒伐〔亘〕. 一 二 三 〔四〕 二告 六

06951 正

丁酉卜，㱿貞，雀…

06952 正

3. 辛丑卜，㱿貞，戉不其隻亘. 一 二 三

10. 丙午卜，㱿貞，翌丁未王步. 一 二

13. 辛亥卜，㱿貞，雀〔其〕隻亘. 一 二告

06959

1. 辛巳卜，㱿貞，乎雀𦎫桑. 二

2. 辛巳卜，㱿貞，乎雀辜〔壴〕.　　〔二〕
3. 辛巳卜，㱿貞，雀得亘我.　二
4. 辛巳卜，㱿貞，雀弗其得亘我.〔二〕
5. 辛巳卜，㱿貞，勿乎雀伐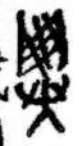.　二
6. 辛巳卜，㱿貞，乎雀伐.　二
8. 〔乙〕未〔卜〕，㱿貞，戈.　二

06983
1. 癸巳卜，㱿貞，乎雀伐望.

06989
1. ☐☐卜，㱿貞，…其𢦏雀.　　二告

07023
4. 㱿.

07037
☐午卜，㱿貞，☐𢦏.

07053 正
壬寅〔卜〕，㱿貞，征玉.

07075 正
5. 癸亥卜，㱿貞，㞢于祖丁.　　一
6. 〔癸亥〕卜，㱿〔貞,勿㞢于祖丁〕.　　一　二告

07076 正
4. 癸丑〔卜，㱿〕貞，…〔兕〕其隻. 隹…隻…執…　　一
5. 癸丑卜，㱿〔貞〕,…兕〔不〕其隻.　一
21 戊午卜，㱿貞，戎受.　一
22. 戊午卜，㱿貞，弗其 受.　一

07076 反

1. 甲子卜，㱿.

07085

□子卜，㱿貞，其〔㞢來艱〕自商.〔王〕曰：… 艱，气至…㞢來〔艱自〕…〔壬申〕…

07086

□亥卜，㱿貞，…艱自商.〔王〕曰：其〔㞢來艱〕…. 一

07137

壬戌卜，㱿貞，今十月其㞢來艱.

07147 臼

壬□邑示八屯.〔㱿〕.

07161 反

乙巳示一屯. 㱿.

07164 正

2. 癸未卜，㱿貞，旬〔亡𡆥〕. 三月.

07181

□寅卜，〔㱿〕貞，其□來艱… 一

07202

□□〔卜〕，㱿貞，其㞢來艱…

07231

□□〔卜〕，㱿貞，…王徝征. 二

07239 正

1. 己卯卜，㱿貞，㞢奏徝，下上若.　　一 二 三 四

2. 己卯卜，〔㱿〕貞，㞢奏徝，下上弗若.　　一 二　二告

07239 反

3. 㱿.

07280 正

3. □□卜，㱿〔貞〕，翌乙…

07283

甲申卜，㱿貞，乎婦好先共人于龐.

07284

乙酉卜，㱿貞，勿乎婦好先于龐共人.　　二

07285

乙酉卜，㱿貞，勿乎婦先于龐共人.　　四

07286

乙酉〔卜，㱿〕貞，勿乎婦先于龐共人.

07287 正

丙戌卜，㱿貞，勿乎婦好先共人于龐.

07294 正

2. □丑卜，㱿〔貞〕…

07295 反

1. 辛丑卜，〔㱿〕.

07312

1. □□〔卜〕, 㱿貞, 出去.

07320

3. 癸巳卜 , 㱿貞…

07323

1. 甲午卜 , 㱿貞, 勿出于王□.
2. 丁酉卜 , 㱿貞, 勿登人三千.　　一

07326

□□〔卜〕, 㱿貞, 今□…〔登〕人三千, 乎…

07331

1. □□〔卜〕, 㱿〔貞〕,…
2. □□〔卜〕, 㱿貞, …登人

07332

乙巳卜 ,〔㱿〕貞, 登〔人〕…

07334

□酉卜 , 㱿貞, 登人…

07337

2. 己巳卜 , 㱿貞, 登人, 乎見…

07345

2. □酉卜 , 㱿貞, 翌乙亥不其昜日.

07350 正

1. 癸巳卜 , 㱿貞, 登…

2. 癸巳卜，㱿貞，出…

07351

1. 己未卜，㱿貞，王𠂤.　　一

2. 己未卜，㱿貞，〔今〕日王□.　　一　二告

3. 己未卜，㱿貞，王叀〔今〕日往.

07352 正

5. 己未卜，㱿貞，我于雉𠂤.　　一　二告

9. □□卜，㱿貞，[illegible].　　一　二　三　四

07353

癸巳卜，㱿〔貞〕，王勿𠂤于甾.　　三

07354

癸巳卜，㱿貞，王勿𠂤于甾.七月.　　五

07355

□□卜，㱿貞，王勿于鼓𠂤.

07373

癸酉卜，㱿貞，…丙子立中.　　三　二告　不玄冥

07380 正

丁酉卜，㱿貞，沚戓爯冊，王从．六月.　　二

07381 正

丁酉卜，㱿貞，沚戓爯冊，王从.　　三

07382 正

戊子卜，㱿貞，沚戓爯冊，王从．六月.　　三

07383 正

1. 戊午卜，㱿貞，沚戠爯冊王从．　四

07384

戊午卜，㱿貞，沚戠爯冊，王从．　五

07385 正

2. □卯卜，㱿貞，沚戠爯冊，王〔从〕．

3. 乙未卜，㱿貞，王…

07386

1. □酉卜，㱿貞，沚戠爯冊王从．

07387

1. 丁酉卜，㱿貞，沚戠爯冊，王从．　一

07388 正

□□卜，㱿貞，沚戠爯冊，王〔从〕□方允其…

07389

1. □□〔卜〕，㱿貞，沚戠爯冊，王〔从〕．

07390

□□〔卜〕，㱿貞，沚〔戠爯〕冊，王从．

07396

1. 癸未卜，㱿貞…

2. □□〔卜，㱿〕貞，沚戠爯〔冊〕…

07398

己未卜，㱿貞，沚戠爯冊…

07399 正

辛卯卜，㱿貞，沚𢦔爯冊…

07402

1. □□卜，㱿貞，沚𢦔爯冊，〔王从〕.
3. □□〔卜〕，㱿貞，沚𢦔爯冊，〔王从〕.

07403

1. □□卜，㱿貞，沚𢦔爯冊，王〔从〕.
2. □□卜，㱿貞，沚𢦔爯冊…我又. 王固曰：其〔隹〕丙不吉. 旬㞢…六月.

07422

壬申卜，〔㱿〕貞，囚爯冊乎从.　　六　不玄冥

07427 反

4. 庚子卜，㱿.

07440

5. 㱿.

07441 正

1. □亥卜，㱿貞，…

07444

4. 辛巳卜，㱿.

07447

4. 乙亥卜，㱿.

07456

1. 乙未卜，㱿〔貞〕...〔沚〕□.

07458

□□〔卜〕, 𣪘貞, 王从沚戠伐□□.

07477

3. 辛巳卜, 𣪘.

07490 正

1. 辛卯卜, 𣪘貞, 勿令望乘先〔歸〕.　　一　二告

2. 壬辰卜, 𣪘貞, 王勿隹沚戠从. 九月.　　一

07492

1. 辛卯卜, 𣪘貞, 勿令望乘〔先歸〕.　　四

2. 壬辰卜, 𣪘貞, 王勿隹沚戠从.　　四

07493

1. 辛卯卜, 𣪘貞, 勿〔令〕望〔乘〕先〔歸〕.　　〔五〕

2. 壬辰卜, 𣪘貞, 王勿隹沚戠从. 九月.　　五

07497 正

1. 乙酉卜, 𣪘貞, 今者王勿从沚戠伐…

07502

乙巳卜, 𣪘貞, 勿〔隹〕婦好从沚戠〔伐〕□□下上若, 受我〔又〕.

07511

□□〔卜〕, 𣪘〔貞〕, □〔王〕人…乎从沚〔戠〕…　　二

07516

2. 己丑卜, 𣪘.

07536 反
…五. 㱿.

07546
3. □□〔卜〕, 㱿貞, …乘.　　二告

07554
□□〔卜〕, 㱿貞, 今王勿从…弗其受㞢又. 一月.

07555
□□〔卜〕, 㱿貞, 〔今〕王从…

07565 反
甲辰卜, 㱿.

07567 反
甲辰卜, 〔㱿〕.

07570 正
1. 壬辰卜, 㱿貞…
2. 癸巳卜, 㱿貞, 今….

07580 正
1. □□〔卜〕, 㱿貞, 叀…

07588
乙酉卜, 㱿〔貞〕, 王从伐.

07599
□申卜, 㱿〔貞〕, □乎伐.

07600

□□卜 , 㱿〔貞〕, □乎伐.

07604

1. □□〔卜〕, 㱿貞, 曰旨其出伐…　　一

07614

□□〔卜〕, 㱿〔貞〕,…伐…

07619

1. □午卜 , 㱿貞, 王登〔人〕…

2. □丑卜 , 㱿貞, 勿…

3. □巳卜 , 㱿貞, 王勿入征.

07634 正

乙亥〔卜〕, 㱿貞, 貍既征.

07660

1. □申卜 , 㱿貞, 告…使氏….

07661

□□〔卜〕, 㱿貞, 王辜…

07682 正

庚戌卜 , 㱿貞,  弗其𢦏.

07685

丙午卜 , 㱿貞, 戉其出𢦏.　　四

07701

□□〔卜〕, 㱿貞, 戉其出𢦏.

07707

1. 丙午卜，㱿貞，戉亡其□.

2. 丙午卜，㱿貞，王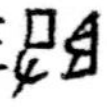曰：戉其㞢〔𢦏〕.

07708

1. 〔丙午卜〕，㱿貞，王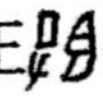曰：戉其㞢〔𢦏〕.

2. 〔丙〕午卜，㱿貞，戉亡其𢦏.

07711 反

…𦎫…㱿.

07713

2. □申〔卜〕，㱿〔貞〕，…

07728 正

辛亥卜，㱿貞，弗其𢦏.　　一

07729

□酉卜，㱿貞，弗其𢦏.　　一

07734

□□〔卜〕，㱿貞，…

07768

3. 癸酉卜，㱿貞，雀叀今日　　一　二

4. 癸酉卜，㱿貞，雀于翌甲戌　　一　二

5. 癸巳卜，㱿貞，今日其雨.　　一　二　三

6. 癸巳卜，㱿貞，今日不雨，允不雨.　　一　二　三

6. 方域

07774
辛酉卜，㱿貞，今二月王入于商.

07775
甲戌卜，㱿貞，今六月王入于商.　　五

07779
1. □□卜，㱿貞，生七月王入于□.
2. □子卜，㱿貞，王入于〔商〕.
3. □丑卜，㱿貞，…

07780 正
1. □□〔卜，㱿貞〕，王入于商.
2. □□〔卜，㱿貞〕，王入于商.
3. □□〔卜〕，㱿貞，生七月王入于〔商〕.
4. 〔戊〕寅卜，㱿貞，生七月王入于〔商〕.
5. 辛巳卜，㱿貞，王于生七月入〔于商〕.
6. 甲申卜，㱿貞，王于八月入于商.

07781
1. □□〔卜，㱿〕貞，王〔于〕生七月入.
2. □□〔卜，㱿〕貞，生七月王勿卒入.
3. 〔甲〕戌卜，㱿貞，王于生七月…
4. 乙亥卜，㱿貞，生七月…
5. 己卯卜，㱿貞，生七月…　　二告

07782

1. □□〔卜，㱿〕貞，王〔于〕生七月入.

2. □□〔卜〕，㱿貞，生七月王入于內 .

3. □□卜，㱿貞，生七月王勿卒入.

4. 甲戌卜，㱿貞，王于生七月入〔于〕□.

5. 乙亥卜，㱿貞，生七月…

6. 乙卯卜，㱿貞，生七月…　　五

07785

1. 辛卯卜，㱿貞，今七月王入.　　二

2. 癸巳卜，㱿貞，來乙巳王勿入于商.　　二

07786

1. 辛卯卜，㱿貞，今七月王入.　　五

2. 癸巳卜，㱿貞，來乙巳王勿入于商.　　五

07787

1. 辛卯卜，㱿貞，來乙巳王勿入.

07788

1. 乙未卜，㱿貞，來乙巳王入于商.

07789

1. 乙未卜，㱿貞，來乙巳王入于商.

07794 反

1. 丙戌〔卜〕，㱿〔貞〕,…

2. 戊子卜，㱿〔貞〕,…

07795

1. 乙丑卜，㱿貞，來乙巳王入于商.

2. 庚寅卜，㱿貞，來乙巳王入于〔商〕.
3. 辛卯卜，㱿貞，來辛丑王入于商.　　三　三　二告

07797
2. □□〔卜〕，㱿貞，來乙巳王入于商.

07798
3. □丑卜，㱿〔貞〕，來乙巳王〔勿〕入于商.　　二

07799
□□卜，㱿貞，來乙巳王勿入于〔商〕.

07828
□□卜，㱿〔貞〕，…〔日〕商…

07829 正
戊戌卜，㱿貞，出商.　　一

07843
丁酉卜，㱿貞，來乙巳王入于.　　四

07844
丁酉，㱿貞，來乙巳王入于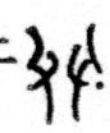　一

07846
乙〔丑卜〕，㱿〔貞〕，王入〔于 〕.

07848
丁酉卜，㱿貞，翌庚子王勿〔入于〕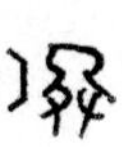

07854 正

1. □□〔卜，㱿〕貞，洹弗乍兹邑〔𡆥〕.
2. □□〔卜〕，㱿貞，洹其乍兹邑𡆥.
3. 乙酉卜，㱿貞，勿乎[illegible]取〔[illegible]〕任伐，弗其氐.
4. □□〔卜，㱿〕貞，乎[illegible]取[illegible]任伐，氐.
5. 甲子卜，㱿貞，婦婐娩㚤. 四月.

07885

1. □□〔卜〕，㱿貞，在南奠.
2. □□〔卜，㱿〕貞，在南奠.
3. □□〔卜〕，㱿貞，我受〔年〕.

07888

癸丑卜，㱿貞，自往衛亡𡆥.

07930

乙酉卜，㱿貞，勿乎婦先于龐.

07950

1. □□卜，㱿〔貞，王〕往□于〔𦎫〕. 四

07982

1. 戊申卜，㱿貞，叀𠂤乎往于長. 二
2. 戊申卜，㱿貞，叀黃乎往于長. 二

08008

甲申卜，㱿貞，雀受出又. 一

08025

…勿曰：㱿…出[illegible].

08064

□申卜，〔㱿〕貞，王往于果〔京〕，〔若〕.　二

08080

癸〔亥卜〕，㱿貞，□于京萑…　一

08127

庚辰〔卜〕，㱿貞，今日步于〔[illegible]〕.

08181

1. 辛巳卜，㱿貞，商不…　二

2. 甲申卜，㱿貞，在春[illegible]〔于〕[illegible].　二　二

08219 甲

1. □□〔卜〕，㱿貞，王往于[illegible].　一

08220 反

1. □□〔卜〕，㱿.

08247

己亥卜，㱿貞，王往于[illegible].

08303 正

□□〔卜〕，㱿貞，今日王步.

08304

□□〔卜，㱿貞〕…學于入□若.　一

08322

□□卜，㱿貞，…涉河…我氏…　一　二

08329

1. 壬子卜，㱿貞,〔商〕…

08389

□□〔卜〕，㱿貞, …我保…丘.　　二

08438

1. □未卜，㱿〔貞〕, 旨受〔又〕.

08442 正

1. 丙午卜，㱿貞, 翌丁□旨…

08444

□卯卜，㱿〔貞〕,…基方…不其□.

08446

□□卜，㱿〔貞〕,…基方弗…　　二

08456

□□〔卜〕，㱿貞, 周…

08490 臼

婦井… ㇅ 㱿.

08492

1. 己酉卜，㱿貞, 危方其㞢囚.　一　二　三　四　二告
2. 己酉卜，㱿貞, 危方亡其囚. 五月.　一　二　三

08501 正

1. □□〔卜〕，㱿貞, 我受𢀛方又.

08508 反

丁卯卜，㱿.

08510

1. 乙巳卜，㱿貞，弗其受𢀛〔方又〕. 二

08511

1. 乙巳卜，㱿貞，弗其受𢀛方又. 三 二告

08512

1 乙巳卜，㱿貞，弗其受𢀛方又. 五

08513

乙巳卜，㱿貞，弗其受𢀛方〔又〕.

08526

乙巳〔卜〕，㱿貞，𢀛方…尋…

08527

己未卜，㱿貞，𢀛方弗允…

08528

己巳卜，㱿貞，𢀛方弗允… 二

08530 正

□□〔卜〕，㱿貞，𢀛…

08537

□□卜，㱿貞，𢀛方允…

08548

2. □□〔卜，㱿貞〕，…于⿰氵⿱羊丰不…

08550

1. 丙辰〔卜〕，㱿〔貞〕，…𢀛〔方〕…　　二　小告

08552

甲寅卜，㱿貞，𢀛方…

08555 正

1. 甲午卜，㱿貞，𢀛方…

08556

□□〔卜〕，㱿貞，𢀛方…

08593

2. □申卜，㱿貞…

3. □□卜，㱿貞，鬼方〔易〕…

4. □□卜，㱿貞，乎龍田于…

08610 正

1. 丙辰卜，㱿貞，曰：𢀛方氏⿱辰冎方𦎫呂，允…　　一　小告　二

08618

□□〔卜，㱿〕貞，戉受⿱卜冉方〔又〕.

08654

癸卯卜，㱿貞，方…于…

08661

1. 丙子卜，㱿〔貞〕…方𢦏.　　一　二

2. 丙子卜，㱿貞…　　一　二

08683

1. □□卜，㱿〔貞〕…戠…　　一

08755 反

□戌卜，㱿.

7. 貢納

08796 正

1. 己酉卜，㱿貞，方囚馬取，乎 禦史.　　一　二告　二 三 四 五 六 七

08797 臼

☐巳王示㱿二屯..

08816

庚☐卜，㱿貞，乎取.

08819 正

1. 庚寅卜，㱿貞，勿乎〔取〕.
2. ☐☐〔卜〕，㱿〔貞〕，乎〔取〕.

08855

☐未卜，㱿〔貞，取〕叀𠭯令取.

08889 正

丁巳卜，㱿貞，得.

08889 反

…☐〔示〕五. 㱿.

08941

3. ☐☐〔卜〕，㱿〔貞〕…

08947 正

1. 〔辛〕亥卜，殸貞，〔王〕其乎共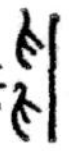白出牛，又正.

08952

□□〔卜〕，殸貞，𦎫…克共百…〔豕〕□〔羊〕.

08956 反

…〔殸〕.

08961 正 乙

2. 甲申卜，殸貞，氏馬.　　二

08990 正

1. 丙申卜，殸貞，侯弗〔其〕氏囚.　　一　二告

08900 反

〔丙〕申卜，殸.

08991 正

1. 乙巳卜，殸貞，勿乎婦〔姘氏〕燕.〔先于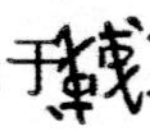〕.

08992

4. 乙酉卜，殸.

08993

壬申卜，殸貞，…

08998 反

丁丑卜，殸.

09012 反

婦井示百. 㱿.

09013 反

1. 婦示百. 㱿. (甲橋刻辭)

09028

□□〔卜 , 㱿貞〕, …氏…〔射〕…

09050 反

㱿.

09068

1. 甲子〔卜〕, 㱿, 貍其氏.　一　五

2. 甲子卜 , 㱿, 貍氏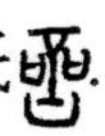. 〔允〕伐.　一　二

09074 正

1. □□〔卜〕, 㱿貞, 〔 氏〕…　二

2. □□卜 , 㱿貞,  氏…

09074 反

1. 㱿.

09075

1. □巳卜 , 㱿貞, 妥氏出取.　一　二　不玄　三　四　五

09091 正

1. □□〔卜〕, 㱿〔貞〕…

09115

己亥卜 , 〔㱿〕貞, 王曰□氏.

09130

□□〔卜〕, 㱿〔貞〕, …戠取…氏.

09131 反 乙

2. …㱿. （甲橋刻辭）

09177 正

9. 甲辰卜, 㱿貞, 奚來白馬. 王 曰: 吉. 其來. 一 二 三 四

10. 甲辰卜, 㱿貞, 奚不其來白馬五. 一 〔二〕 三 〔四〕 五 一 二 三 四 五

09184

…龜…〔㱿〕. （甲橋刻辭）

09185

戊戌卜, 㱿貞, 斦祀六來秋. 一

09186

戊戌卜, 㱿貞, 〔斦〕祀六, 來秋. 三

09215

丙□〔卜〕, 㱿貞, □入馬.

09232 正

□□〔卜〕, 㱿〔貞〕…左…〔多〕屯…

09234 正

1. 壬子卜, 㱿貞, 今王叀… 一 二 三 四 五

2. 壬子〔卜〕, 㱿貞, 今… 一 二

09274 反

⿱辛隹入三. 婦示. 㱿.　　(甲橋刻辭)

09294 正

□□〔卜〕, 㱿貞, …

09382

…㱿气自〔啚〕. (骨面刻辭)

09383

…㱿气自〔啚〕. (骨面刻辭)

09384

…㱿气自…　(骨面刻辭)

09385

自㱿气十.　(甲橋刻辭)

09386 反

壬子㱿气〔自〕… (骨面刻辭)

09437 正

1. □□〔卜〕, 㱿〔貞〕, ……

09470

□□卜 , 㱿〔貞〕, □其㝵□易.

第二章

社會生産

1. 農業
2. 漁猎, 畜牧
3. 商業, 交通

1. 農業

09472 正

1. 丁未卜，㱿貞,帀卫化受又.　　三

2. 丁未卜，㱿貞,帀卫化弗其受又.　　三

09503 反

1. 乙卯卜，㱿.

09504 正

1. 甲午卜，㱿貞, 翌乙未出于祖乙.　　一　　二告

09505

2. 乙卯卜，㱿貞, 乎啚 耤在名亯 不潛.　〔一〕　二　二告　三　四　五　〔六〕　七　八　二告　九　十

09507 正

4. □□卜，㱿貞, 自… 其雨.

09507 反

庚午卜，㱿.

09508 正

1. 壬午卜，㱿貞, 乎[幸鬼]耤…

09516

□□〔卜〕, 㱿貞, 王其黍.

09520

1. 甲辰卜，〔殻〕貞，王勿卒〔入〕，于⿰禾亏入.　　一

2. 甲辰卜，殻貞，王入.　　一

4. 甲辰卜，〔殻〕貞，王⿱宀正翌日.　　一

5. 〔乙〕卯卜，殻貞，立黍.　　一

09521

1. 〔甲辰卜，　王勿卒入，于⿰禾亏入.　　二〕

2. 〔甲辰卜，殻貞，王入.　　二〕

4. 甲辰卜，殻貞，王⿱宀正翌日.　　二

5. 乙卯卜，殻貞，王立黍，若.　　二

09522

1. 甲辰卜，殻貞，王勿卒入，于⿰禾亏入.　　三

2. 甲辰卜，殻貞，王入.　　三

09523

1. 甲辰卜，殻貞，王勿卒入，于⿰禾亏入.　　四

2. 甲辰卜，殻貞，王入.　　四

5. 乙卯卜，殻貞，王立黍.

09524

1. 甲辰卜，殻貞，王勿卒入，于⿰禾亏入.　　五

2. 甲辰卜，殻貞，王入.　　五

5. 乙卯卜，〔殻貞〕，王〔立黍〕.　　五

09525

1. 庚戌卜，殻貞，王立黍，受年.

09525 反

戊〔午〕卜，〔殻〕.

09530 正

2. 辛丑卜，㱿貞，婦姘乎黍〔于〕丘商，〔受年〕.

09531 正

1. □未卜，㱿貞…□申乎婦〔姘〕…

09557 正

丁丑卜，㱿貞，王往立[禾亏]. 征从沚酨

09580

2. 乙丑〔卜〕，㱿貞，勿[厂彡]□圂.　二

09592

□子卜，〔㱿〕貞，王往萑廼. 三月.

09670

癸卯卜，㱿貞，我〔受年〕.　二

09671 反

1. 癸未卜，㱿.

09681 反

戊子卜，㱿，商以十屮…

09684 正

乙酉卜，㱿貞，我〔受年〕.

09692 反

1. 壬子〔卜〕，〔㱿〕.

09696
□未卜，㱿貞，〔我〕受年.

09700
1. 庚午卜，㱿貞，我受年.

09703 正
1. □□〔卜〕，㱿〔貞〕…王…

09710
癸卯卜，㱿貞，我不其受年.　　二告

09715
2. 乙巳卜，㱿貞，我不其受年. 十一月.　　二　不玄冥　二

09716
□□卜，㱿貞，我不其受年. 一月.

09717 正
1. 己卯卜，㱿〔貞〕，媚…　　〔一 二〕三 四

09718
□□〔卜〕，㱿〔貞〕，我不其〔受年〕.

09731 正
1. □□〔卜〕，㱿〔貞〕，…勿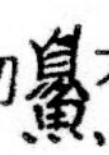不雨，帝受我年. 二月.　　一

09741 正
7. 丁未卜，㱿貞，受年.　　一　二　三　二告　四　五　六

09741 反

1. 丁未卜，㱿.

09743 反

㱿.

09744

1. 乙巳卜，㱿貞，西土受年. 三月. 一 二

09774 正

3. 壬子卜，㱿，㦸于丘商. 一

7. 癸丑卜，㱿貞，冓受年. 二月. 一 二

09784

1. □□卜，㱿〔貞〕，在春□□田，亳〔受〕年. 一

09788

㱿. （甲橋刻辭）

09937

2. □〔戌〕卜，㱿貞，尞于岳小宰.

09946 正 甲

1. 乙巳卜，㱿貞，我受黍年.

09946 正 乙

2. 乙巳卜，㱿貞，我受黍年.〔在斷〕. 五 七 一 二

09950 正

1. 丙辰卜，㱿貞，我受黍年. 一 二 三 四 五

2. 丙辰卜，㱿貞，我弗其受黍年. 四月. 一 二 三 四 二告

09953
癸亥卜，㱿〔貞〕，我受黍…　　一
09976 正
2. 癸酉卜，㱿貞，婦姘不其受黍年．二月．　　一　二告　二

09990
1. 癸亥卜，㱿貞，于出酒…　　二　　三

10041
戊戌卜，㱿貞，我受年．　　三

10045 正
戊戌卜，㱿貞，我受年．

10051
3. 甲子卜，㱿．

10052
3. 甲子卜，㱿．

10077 反
1. □□〔卜〕，㱿．

10091
1. 乙巳卜，㱿貞，于河𠦪年．

10092
乙巳卜，㱿貞，于河𠦪年．　　五

10094 正
2. □□〔卜〕，㱿貞，我受年．

10107

庚□〔卜〕, 㱿貞, 〔于〕王亥𠦪年.

10115

癸丑卜, 㱿貞, 年于大甲十宰、祖乙十 . 二

10121

1. □□卜, 㱿〔貞〕𠦪年…

10125

5. 庚子卜, 㱿貞, 年出壱. 五月. 一 二 三 二告 四

10129

□卯卜, 㱿貞, [糸巾]年娥于河. 三

10133 正

2. 丁巳卜, 㱿貞, 黍田年, 魯. 四月. 一 〔二 三〕 四 五 六

10134 正

1. □□卜, 㱿貞, …
2. □□卜, 㱿貞, …
3. □□〔卜〕, 㱿貞, 王…

10136 正

1. 丙申卜, 㱿貞, 婦好身弗氐婦死. 二
5. 壬寅卜, 㱿貞, 出于父乙宰, 曰: 勿卯, 鼎. 一

10171 正

5. 甲辰卜, 㱿貞, 我奏幽 玉, 黃尹若. 四 二告 六

10172

1. 辛卯卜 ,㱿貞, 帝其𦰩我. 三月.　　　六

10184

1. 辛卯卜 ,㱿貞, 其𦰩. 三月.　　　四

2. 辛卯卜 ,㱿貞, 不𦰩.　　　四

2. 漁猎、畜牧

10198 正

戊午卜，㱿貞，我狩㰘毕. 之日狩，允毕. 〔隻〕虎一，鹿四十. 狐〔二〕百六十四. 麑百五十九. 藺赤出又二赤□四□. 〔一〕 二 三 四 五 六 一 二 三 二告 〔四 五〕 六 七 八 九 十 〔一〕 二 三 二告 〔四 五〕 二告 一 二 一 二 三 一 二 三 四 五 〔一〕 二 二告 三 一 二 三 一 二 三 四 五 一 二 三

10216

□□卜，㱿貞，…虎…月. 一

10302 正 甲

1. 丙辰卜，㱿貞，王其逐鹰隻. 一 二

10302 反

2. 辛酉卜，㱿.

10308

2. □□〔卜〕，㱿貞，今日我其狩…

10315 正

6. 丁卯卜，㱿貞，𣎳媗出子. 一 二 三 四

10344 正

1. 戊戌卜，〔㱿〕，𢆶□□… 二

2. 癸丑卜，㱿，隹兄丁. 一 二告 二

3. 癸丑卜，㱿，不隹兄丁.

10. 甲寅卜，㱿貞，尞于㞢土.　　一

10344 反

1. 辛卯卜，㱿貞，王勿入于商.

2. 辛卯卜，㱿貞，王入于商.

10346 正

1. 丙申卜，㱿貞，我其逐麋隻.　　一

2. 辛丑卜，㱿貞，我亡至艱.　　一　二　二告　三

10349

1. 甲子卜，㱿貞，王疾齒隹…易…

2. 壬申卜，㱿貞，圃毕麋. 丙子陷，允毕二百㞢九.　　一

10351

2. 甲子卜，㱿貞，我乎來. 允乎來.　　一　二　三

3. 甲□〔卜〕，㱿〔貞〕，雀□弗其毕麋.　　一　二　三

10399 反

□丑卜，㱿貞，□〔夕〕㞢丁丑…

10400

□亥卜，㱿貞，其逐兕隻.　　一

10405 正

1. 癸酉卜，㱿貞，旬亡𡆥. 王二曰：匄. 王固曰：兪，㞢希㞢夢. 五日丁丑王窞中丁己陞在宥阜. 十月.

2. 癸未卜，㱿貞，旬亡𡆥. 王固曰：㞢，乃茲㞢希. 六日戊子子弢死. 一月.

3. 癸巳卜，㱿貞，旬亡𡆥. 王固曰：乃茲亦㞢希，若偁. 甲午王往逐兕，小臣叶車馬硪，粤王車，子央亦墜.

10405 反

1. 癸亥卜，殻貞，旬亡𡆥. 王固〔曰 ,㞢祟〕，其亦㞢來艱. 五日丁卯子𠭰嬂，不死.

10406 正

1. 癸酉卜，殻貞，旬亡𡆥. 王二〔曰：匄〕. 王固曰：艅，㞢祟㞢夢. 五日〔丁丑〕王賓中丁己𨺅在𡧊〔阜. 十月〕. 二 二告

2. 癸未卜，殻貞，〔旬亡𡆥. 王固曰：𡆥〕，乃兹㞢祟. 〔六日戊子子弢死. 一月〕.

3. 癸巳卜，殻貞，旬亡𡆥. 王固曰：乃〔兹亦㞢〕祟，若偁. 甲午王往逐兕，〔小臣叶車〕馬硪 [illegible] 王車，子央亦墜.

10406 反

1. 癸亥卜，殻貞，旬亡𡆥. 王固曰；㞢祟〔其亦㞢〕. 五日丁卯子𠭰嬂，不死.

10409

2. 甲子卜，殻〔貞〕,…

10482

□〔酉〕卜，殻〔貞〕…乙卯…魚…

10486

□□〔卜〕，殻貞，…魚…

10501 正

癸未卜，殻貞，多子隻𫴳.

10558

1. □□〔卜〕，殻貞，乎龍田于□.

10590 正

□申卜，㱿〔貞〕，王其狩.　　一　二

10592

□申卜，㱿貞，其狩.　　三

10603

甲申卜，㱿貞，王涉狩.

10608 反

…二十. 㱿.　　（甲橋刻辭）

10610 正

1. 壬申卜，㱿貞，王勿祉南狩.

10613 正

10. 丁巳卜，㱿貞，告𡆥于祖〔乙〕，勿㞢歲福.　　一　二

10617 正

乙巳卜，㱿貞…〔狩〕…

10630

1. □□卜，㱿〔貞〕，勿狩.

10655

1. 己卯卜，㱿貞，我其陷㚔.　　一

2. 己卯卜，㱿貞，弗其㚔.　　一

10656

2. 己卯卜，㱿貞，弗其㚔.　　五

10658

1. □□卜，㱿〔貞,翌〕… 一

10670

□□卜，〔㱿〕貞，子陷.

10696 正

□寅卜，㱿〔貞〕，王…射…

10697

甲午〔卜〕，㱿貞，…射…

10716

壬〔辰卜〕，㱿貞，……

10769

□丑卜，㱿貞…… 二

10794 正

1. □□〔卜〕，㱿貞，…

10826

□□〔卜〕，㱿貞，…之….

10847

□□〔卜〕，㱿貞，不其隻.

10864

2. 癸卯〔卜〕，㱿，尞〔于〕兄． 三月.

10874 正

丙午卜，㱿貞，不其隻.

10892

□□卜，㱿〔貞〕，…勿隻…允…宿…　　二

10893

2. 己亥卜，〔㱿〕貞，王其… 隻. 一 （王 字缺刻橫畫）

10893

己亥卜，〔㱿〕貞，弗〔隻〕豕.

10916 正

□寅卜，㱿〔貞〕…曰隻…

10942

3. 〔丁〕卯卜，㱿貞，翌庚午其〔〕…□午，允易〔日〕.

10944

□□〔卜〕，㱿貞，…狩…土…　　二

10946

□午卜，㱿貞，□逐廌于〔萬〕卒.　　一

10965

2. □寅卜，㱿貞，今日我其狩.

10976 正

5. 壬戌卜，㱿貞，乎多犬网廌于. 八月.　　一　二　三　四

6. 壬戌卜，㱿貞，取犬乎网廌于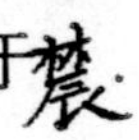.　　一　二　三　四

10977

1. 己丑卜，㱿，在虎隻.

11006 正

1. 丙戌卜，㱿貞，尞王亥.　　一

3. 丙戌卜，〔㱿〕貞，翌丁亥我狩寧.

11006 反

1. 戊戌卜，㱿.

11018 反

1. 庚午卜，㱿.

2. 庚午卜，㱿.

11085

□□〔卜〕，㱿貞，…三〔牛〕…

11093

1. □□〔卜〕，㱿〔貞〕，…午…二牛.

11170 正

1. 丙寅卜，㱿貞，王往〔省牛于﨟〕

11171 正

2. 丙寅卜，㱿貞，王往省牛于﨟.　　三

11172

1. 丙〔寅卜，㱿〕貞，〔王往〕省〔牛于﨟〕.

11182 正

1. □□卜，㱿貞，王往去〔〕.

11199

1. 辛丑〔卜〕, 㱿貞, 今[illegible]勿… 一

11232

□□卜, 㱿〔貞〕…三猳、三□… 二

11239 反

㱿.

11247

1. □□卜, 㱿貞, 亡〔其〕列. 一

11274 正

7. □□〔卜,㱿〕貞, 翌己巳步于卒. 一 二

11. 丁卯卜, 㱿貞, 我自亡[illegible][illegible]. 一 二

11361

□□卜, 〔㱿貞〕…乙丑…宰, 辛〔昔〕…

11405

1. 〔甲〕子卜, 㱿貞, [illegible]娩…

2. 〔丙〕寅卜, 㱿貞, 戉于戌…芻.

3. 商業、交通

11423 反

3. 㱿. (甲橋刻辭)

11426

戊申卜，㱿貞, □出其死貝.

11462 反

2. 我來〔十〕. 㱿.　　　(甲橋刻辭)

第三章

思想文化

1. 天文, 曆法
2. 氣象
3. 建築
4. 疾病
5. 生育
6. 鬼神崇拜
7. 祭祀
8. 吉凶夢幻
9. 卜法
10. 文字

1. 天文、曆法

11484 正

11. 癸〔酉卜〕, 㱿〔貞〕,…〔于〕妣〔己㞢〕 㞋十. 一 二

12. 癸酉卜, 㱿〔貞〕, □〔㞋〕于妣己㞢㞋. 一 二

11497 正

1. 丁亥卜, 㱿貞, 翌庚寅㞢于大庚. 一

3. 丙申卜, 㱿貞, 來乙巳酒下乙. 王固曰: 酒隹㞢希, 其㞢酘. 乙巳酒, 明雨. 伐既雨. 咸伐亦雨. 攺卯鳥星. 一

11498 正

3. 丙申卜, 㱿貞, 〔來〕乙巳酒下乙. 王固曰: 酒隹㞢希, 其㞢酘. 乙巳明雨. 伐既雨. 咸伐亦雨. 攺鳥星.

5. 丙午卜, 㱿貞, 王聽隹囚. 一

7. 丙午卜, 㱿貞, 三羌多妣. 一

11506 正

1. 甲寅卜, 㱿貞, 翌乙卯易日. 一

11515

□□卜, 㱿貞, 今昔 …

11517

戊午卜, 㱿貞, 今昔 … 勿…

11538 反

㱿至.

11559

□□卜，㱿貞，及今〔十〕二月…

11593

2. 戊子卜，㱿貞，叀七月.

3. 〔戊〕子卜，㱿貞，〔叀〕八月.　一

4. 戊子卜，㱿貞，叀八月.

11649

□□卜，㱿貞，今日夕…

11677

丙申卜，㱿貞，翌丁〔酉〕其…　一

11697 正 乙

壬辰〔卜〕，㱿〔貞〕，來甲寅酒〔大甲〕…二旬㞢…

11706 正

□□〔卜，㱿貞〕…王𡆥曰：㞢…四日丙〔戌〕…

2. 氣象

11751 正

1. 〔甲申卜，㱿貞〕…

2. 乙酉卜，㱿貞，雨.

11752

1. 丁巳卜，㱿貞，雨.

11753

甲子卜，㱿貞，雨.　二

11754

庚寅〔卜〕，㱿貞，雨.

11805 正

乙酉〔卜〕，㱿貞，□日步，不〔雨〕.

11851 正

□午卜，㱿貞，我… 𡆥曰：辛其雨…日辛允〔雨〕.

11909

1. 乙卯卜，㱿貞，曰氏.

11917

2. 乙卯卜，㱿貞，㞢報于…

11987 正

甲午卜，㱿貞，今日雨…〔于〕祖辛.

11990

丁□卜，㱿貞，〔今〕日雨.

12042

1. □□卜，㱿〔貞〕，□日王…

12057

2. □午卜，㱿貞，今〔日〕其雨.　四

12223

2. □□〔卜〕，㱿〔貞〕…夕…　一

12310

□□卜，㱿貞，自今…〔雨〕.　一

12311 正

1. 戊戌卜，㱿貞，自今至于壬寅□…〔雨〕.

12324 正

3. 戊午卜，㱿貞，翌庚申其雨.　一　二告〔二〕三〔四　五　六　七〕八

12336 正

1. 丙戌卜，㱿貞，其至于丁亥雨.

12336 反

3. 婦井示二. 㱿.

12377
1. 〔乙〕未卜，𡧊貞，翌丙申不雨.　二告

12378
□丑卜，𡧊〔貞〕，…卯不雨.　一

12383 反
□示六. 𡧊. (甲橋刻辭)

12396 正
3. 甲申卜，𡧊貞，若.　一 二
　一 二 三 四　　　　一 二

12407
1. 〔丁〕卯卜，𡧊貞，翌戊〔辰〕其雨.　一
2. 戊辰卜，𡧊貞，翌己巳其雨.　一

12408
甲辰卜，𡧊貞，翌己巳其雨.　二

12437
1. 壬申卜，𡧊，翌甲戌其雨.
2. 壬申卜，𡧊，翌甲戌不雨.

12470
□戌卜，𡧊貞…〔之〕日□雨.

12480
戊□〔卜〕，𡧊貞，自今旬雨.

12530 臼
婦井示四屯. 㱿.

12629
1. 癸亥卜，㱿貞，旬亡囚. 己巳雨. 十一月. 一 二告

12630
□亥〔卜〕，㱿貞，□十一月雨.

12635 正
〔癸〕巳卜，㱿貞，今十一月不其雨.

12648
2. 己未卜，㱿貞，今十三月不其雨. 一
3. 己未卜，㱿貞，今十三月雨. 二 三

12678 正
□□〔卜，㱿貞〕…我…出从雨.

12715
1. 癸未卜，㱿貞，旬亡囚. 丁亥雨. 二
2. 癸未〔卜，㱿貞〕，旬亡囚. 庚〔寅〕雨.
3. 癸巳卜，㱿貞，旬亡囚. 丁酉雨，己雨，庚亦雨. 二

12780 正
2. □□卜，㱿〔貞〕,…

12813 正
1. 庚戌卜，㱿貞，于母己禦子…
2. 辛亥卜，㱿貞,…
4. 乙卯卜，㱿貞，今日王往…之日大采雨. 王不…

一　二 二告 三 一 二 三　小告　二告　一 二 告　一　小告　一 一 不玄冥

12814 正

1. 辛亥卜，㱿貞,…　一

2. 辛亥卜，㱿貞, 于乙門令.

3. 辛亥卜，㱿貞, 勿于乙門令.

4. 乙卯卜，㱿貞, 今日王往于𦎫. 之日大采雨. 王不止…

12836 反

3. □□〔卜〕, 㱿貞, 舞㞢雨.

12852

1. 壬申卜，㱿〔貞〕,…舞岳…

2. 壬申卜，㱿貞, 舞…烄亡其雨.

12861

乙卯卜，㱿貞, 桒雨〔于〕上甲…

12901

癸巳卜，㱿貞, 旬亡囚. 丁酉雨.

12906

乙丑卜，㱿〔貞, 丁〕卯其雨. 丁 卯允雨. 一

三

12921 正

1. 辛卯卜，㱿貞, 王往征魚，若.　一

2. 辛卯卜，㱿貞, 王勿征魚，不若.　一　二告

3. 壬辰卜，㱿貞, 㞢祖辛二牛.　一

12935

2. 乙亥卜，㱿〔貞〕，…之日允〔雨〕.

12948 正

1. 囗子卜，〔㱿〕貞，王令…河，沈三牛，尞三牛，卯五牛．王固曰：丁其雨．九日丁酉允雨．　一　二　二告　三

2. 囗囗卜，㱿〔貞，王〕勿令…河．二月．　一　二　三

12973

1. 辛酉卜，㱿，翌壬戌不雨．之日夕雨不征．　一

2. 辛酉卜，㱿，翌〔壬〕戌其雨．　一

3. 壬戌卜，㱿，翌癸亥不雨．癸亥雨．　三

4. 癸亥卜，㱿，翌〔甲〕子不雨．甲子雨小．

5. 〔甲子卜〕，㱿，翌己丑其雨．

6. 甲子卜，㱿，翌己丑不雨．允〔不雨〕．

7. 乙丑卜，㱿，翌丙辰其雨．　一

8. 〔乙丑卜，㱿〕，翌〔丙辰〕不雨．允不雨．

9. 丙寅卜，㱿，翌丁卯其〔雨〕．

10. 丙寅卜，㱿，翌丁卯不雨．

11. 乙亥〔卜〕，㱿，翌丙子其雨．

12. 乙亥〔卜〕，㱿，翌丙子不雨．　一　二告

14. 丙子卜，㱿，翌丁丑不雨．

15. 丁丑〔卜〕，㱿，翌戊寅既雨．

16. 戊囗〔卜〕，㱿…雨．

13052

戊申卜，㱿貞，攺若．　二　二

13053

2. 囗囗〔卜〕，㱿貞，攺．

13150

1. □□〔卜〕, 㱿貞…

13151 正

1. 乙丑卜 , 㱿貞, . 一 〔二〕 三

13216 正

癸巳卜 , 㱿貞, 翌甲午昜日.

13217

1. 辛□卜 , 㱿〔貞〕…
2. 甲辰卜 , 㱿貞, 翌乙巳昜日.
3. 乙巳卜 , 㱿貞, 翌丙昜日.
4. □□〔卜〕, 㱿貞, 〔翌〕丁未〔昜日〕.

13218 正

1. 〔甲〕申卜 , 㱿貞, 〔翌〕乙酉昜日.

13218 反

2. 乙□卜 , 㱿.

13219

□□卜 , 㱿〔貞〕, 翌乙丑昜日. 乙□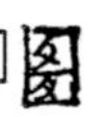 〔〕 〔東〕亦…

13244

2. 壬午卜 , 㱿貞, 于.

13247 反

□未卜 , 㱿.

13260 甲

2. □□卜，㱿貞，□示若王. 四 五 〔六〕七 八

13264

1. 辛丑卜，㱿，翌壬寅不易其易日. 一
2. 壬寅卜，㱿貞，翌癸卯不易其易日. 一
3. □寅卜，㱿，翌□卯不易其易日. 乙〔卯〕 一

13265

1. □□〔卜〕，㱿，翌□□不易其易〔日〕.
2. □□〔卜〕，㱿，翌庚…

13276 反

□□卜，㱿，

13333 正

1. 甲申卜，㱿貞，翌乙酉其風. 一 二 三 〔四〕 五 六

13344

癸未卜，㱿貞，今日不風. 十二月. 一

13355

1. 〔癸〕酉〔卜〕，㱿.

13391 反 乙

㱿. (甲橋刻辭)

13400

乙卯卜，㱿〔貞〕，尞于雲…

13416

□亥卜，㱿〔貞〕，雷…　一

13471

□丑卜，㱿貞，〔丙子〕夕㞢，丁丑〔雨〕．〔王固 曰〕…

3. 建築

13491

戊子卜，㱿貞，我作邑.

13493

1. □未卜，㱿貞，我作邑.　一

13494

丁未卜，㱿貞，我作邑.

13495

甲寅卜，㱿貞，我作邑若.

13500

1. □□〔卜〕，㱿貞，我〔作邑〕.
2. □□卜，㱿貞，我作邑.
3. □□〔卜〕，㱿貞，我作邑.

13501

1. □□〔卜〕，㱿貞，…
2. □□卜，㱿貞，我〔作邑〕.
3. □□卜，㱿貞，我〔作邑〕.

13505 正

5. 戊戌卜，㱿貞旃眔㱿亡〔囚〕，□〔告〕.　一

13505 反

2. 㱿.

13514 正 甲

1. 辛〔卯卜，㱿貞，基〕方〔缶乍𦎫不䧅弗冒〕.
2. 辛卯卜，㱿貞，基方缶乍𦎫不䧅弗冒. 二
3. 辛卯卜，㱿貞，基方〔缶〕乍𦎫不䧅弗冒.
4. 辛卯卜，㱿貞，勿烏，基方缶乍𦎫，子𦿝〔𢦏〕. 一
5. 辛卯卜，㱿貞，勿烏，基方缶乍𦎫，子𦿝𢦏，四月. 二

13514 正 乙

2. 辛卯卜，㱿貞，基方〔缶〕乍𦎫其䧅…

13526

甲戌卜，㱿貞，我勿般自丝邑，㱿宊巳乍. 三

13527

甲戌卜，㱿貞，我勿般〔自〕丝邑，㱿〔宊〕巳乍若.

13528

□□卜，㱿〔貞，我〕般自邑，〔㱿宊巳乍若〕. 三

13584 反 乙

1. 癸亥卜，㱿.

13592

□□□，㱿貞，…家…

13604 反

1. 丁卯卜，㱿.
3. 㱿.

4. 疾病

13615
□□〔卜〕, 㱿貞, 虫疾首不…

13616
□□卜 , 㱿〔貞〕, 虫疾首…　　四

13619
1. 丁亥卜 , 㱿貞,首于雇.
2. 癸巳卜 , 㱿貞, 子漁疾目 , 福告于父乙.　　一

13643
2. 甲子卜 , 㱿貞, 王疾齒亡易…

13648 反
1. 庚辰卜 , 㱿.

13656 反
1. □□卜 , 㱿.

13658 正
1. 甲子卜 , 㱿貞, 疾役不祉.　　一

13672 反
㱿.

13682 正

□午卜，㱿貞，㞢疾趾隹黃尹〔〕. 一 二 三

13707 正

3. 乙未卜，㱿貞，妣庚龍王疾.

13708 反

…□〔入〕二十. 㱿.　（甲橋刻辭）

13712 正

2. 丙辰卜，㱿貞，婦好征龍.　二

13713 反

1. 癸卯卜，㱿.

13714 反

壬子卜，㱿.

13719 反

〔王　〕曰：㱿.

13722

1. 丁亥卜，㱿貞，子漁其㞢疾.　一

13751 正

2. 乙巳卜，㱿貞，斫亡疾. 九月.　一　二　三　四

13758 反

1. 己巳卜，㱿貞，亡疾.

13767

〔乙〕未卜，㱿〔貞〕，㞢疾佳其…　　三

13770

1. □□〔卜〕，㱿…

13776

□酉卜，〔㱿〕貞，㞢疾…

13778

辛未卜，㱿貞，㞢疾．告…

13824

□酉卜，㱿貞，疾…佳〔〕…

13829

戊□〔卜〕，㱿貞，…疾．

13886

戊午卜，㱿貞，𡆥凡㞢〔疾〕．　　一

13888

辛卯卜，㱿貞，𡆥凡㞢疾．

13890

丁酉卜，㱿貞，杞侯爇，弗其肩凡㞢疾．　　一

13923

丁未卜，㱿貞，田凡．

5. 生育

13926

1. 庚子卜，㱿貞，婦好㞢子.　二

2. 辛丑卜，㱿貞，兄于母庚.　三

13928

□亥卜，㱿貞，婦好㞢子.　二

13930 正

□辰〔卜〕，㱿貞，婦好㞢子.

13931

1. 癸未卜，㱿貞，婦姘㞢子.　二月.　一

13936 正

1. 壬辰卜，㱿貞，婦良〔其〕㞢子.　二

13948

2. 戊□〔卜〕，㱿貞，…十三月娩.

13949

丁卯卜，㱿貞，婦姘娩. 王固曰: 隹戊娩，不〔吉〕. 隹….　二

13974

□酉卜，㱿〔貞〕,…呼…娩…　一

13975 正

□□〔卜〕, 㱿貞, 子娩. 王固曰: 隹丁〔娩〕.

13977

□□卜 , 㱿〔貞〕,…〔娩〕…

13993

□亥〔卜〕, 㱿貞, □□〔娩〕…

13998

□□〔卜〕, 㱿貞, 〔婦〕好娩 , 〔不〕其㚤. 五旬㞢…

13999

〔戊辰卜〕, 㱿貞, 〔婦〕好娩㚤 □[illegible] .　　一

14001 正

1. 壬寅卜, 㱿貞, 婦〔好〕娩㚤.王固曰: 其隹□申娩. 吉㚤, 其隹甲寅娩 , 不吉 , 㞷隹女.　　一　二　二告

2. 壬寅卜 , 㱿貞, 婦好娩 , 不其㚤. 王固曰: 𠃬不㚤. 其㚤, 不吉. 于屮若 , 玆廼死.　　一 二

一　二　一

14001 反

3. 己亥卜 , 㱿.

14002 正

1. 甲申卜 , 㱿貞, 〔婦〕好娩㚤. 王固曰: 其隹丁娩㚤.其隹庚娩, 弘吉. 三旬㞢一日甲寅娩 , 不　隹女.　　一

2. 甲申卜 , 㱿〔貞〕, 婦好娩 , 不其㚤. 三旬㞢一日甲寅娩身不㚤 隹女. 一

一 二　　一　二告　二　一

二 三 四 五 六

一 二 三 四 五〔六〕

14002 反

3. 甲申卜，㱿.

14003 正

1. 戊辰卜，㱿貞，婦好娩妿，丙子夕㞢，丁丑娩 . 一

2. 戊辰卜，㱿貞，婦好娩，不其妿. 五月. 一

14006 正

1. 癸亥卜，㱿貞，婦好娩，不其妿. 三

14013

乙卯卜，㱿貞，婦妌娩，〔不〕其〔妿〕.

14015 乙

□□〔卜〕，㱿貞，〔婦〕妌〔娩〕. 一

14019 反

3. 壬寅卜，㱿.

14029

□□〔卜〕，㱿〔貞〕，…婦□娩妿. 二 三

14032 正 甲

1. □□卜，㱿貞，子昌娩妿.

14032 正 乙

1. □□卜，㱿貞，子昌娩. 不其妿. 〔一 二〕 三 四 二告 五 六 七

14035 反 丙

1. □□卜 ,𣪕

14107 反

4. □□〔卜〕,𣪕.

6. 鬼神崇拜

14128 反

7. 庚子卜，㱿.

14138

1. 戊子卜，㱿貞，帝及四月令雨.　一　二　三　四

14149 正

1. 癸〔丑卜〕，㱿貞，翌甲寅帝其令雨.　一　二　三
2. 癸丑卜，㱿貞，翌甲寅帝〔不〕令雨.　一　二
5. 戊申卜，㱿貞，其出虎.
6. 〔戊〕申卜，㱿貞，亡其虎.

14153 正 甲

1. 丙寅卜，〔㱿，翌丁〕卯帝其令雨.
2. 丙寅卜，〔㱿，翌丁〕卯帝不令雨. 允…

14153 正 乙

1. 丁卯卜，㱿，翌戊辰〔帝〕其令雨.　戊…
2. 丁卯卜，㱿，翌戊辰帝不令雨. 戊辰允雇.　一
3. 戊〔辰〕卜，㱿，〔翌〕乙巳〔帝〕其令〔雨〕.　一　二告
4. 戊辰卜，㱿，翌乙巳帝不令雨.　一　二告
7. 辛未卜，〔㱿〕，翌壬〔申〕帝其〔令〕雨.　一
8. 辛未卜，〔㱿〕，翌壬〔申〕帝〔不令〕雨. 壬〔申〕暈.　一
9. 壬申〔卜，㱿〕，翌癸〔酉〕帝其令雨.　一
10. 壬申卜，㱿，翌癸酉帝不令雨.　一
11. 甲戌卜，㱿，翌乙亥帝其令雨.　一　二告

12. 甲戌卜，㱿，翌乙亥帝不令雨.
13. 乙亥卜，㱿，翌丙子帝其令雨.　　一
14. 乙亥卜，㱿，翌丙子帝不令雨.　　一
15. 丙子卜，㱿，翌丁丑帝其令雨.　　一

14173 正
2. 甲寅〔卜〕，㱿貞，□其…　　〔一〕　二　三　〔四〕　五　六　〔七〕　八　九

14185
己〔丑〕卜，㱿貞，帝乍伐…

14198 正
1. 辛丑卜，㱿，乎从來取出兄氏.　　一　二　二告　三　四
3. 辛丑卜，㱿貞，帝若王.　　一　二　三　四　五　六　七　八

14202
□戌卜，㱿貞，我[illegible]邑，〔帝若〕.

14207 反
1. 丙申卜，㱿.

14209 正
1. 丙辰卜，㱿貞，帝隹其冬[illegible]邑.　　二

14210 正
1. 丙辰卜，㱿貞，帝隹其冬[illegible]邑.　　四

14212
辛卯卜，㱿〔貞〕，帝[illegible][illegible]邑.　　四

14241

丁亥〔卜〕，㱿貞，…隹帝…

14250

1. 甲午卜，㱿貞，帝…
2. 甲午卜，㱿貞，祖…
3. 戊午卜，㱿貞，乎 畢…
4. 戊午卜，㱿貞，叀岳 …

14262

□〔午〕卜，㱿〔貞〕… 从，下上若.

14314

1. 壬午卜，㱿貞，婦妌娩㚤，二月.

14316

1. □□〔卜〕，㱿貞，尞于東，五犬、五羊、五…
2. 癸丑卜，㱿貞，我亥… 二
3. 丁巳卜，㱿貞 …

14329 正

3. 戊戌卜，㱿貞，王往…

14329 反

2. 乙巳卜，㱿.

14337 正

己酉卜，㱿貞，尞于東母九牛. 二

14348

乙卯卜，㱿貞，于壬〔𠦪〕. 三（“壬” 為“示”字誤）

14364 正

1. 〔庚〕戌卜，㱿，翌辛亥尞于□.　　一

14371

1. □酉卜，㱿〔貞〕…　　三

14404

5. □□〔卜〕，〔㱿〕貞…叀土.

14410

□□〔卜〕，㱿〔貞〕…

14431 正

1. 丁未卜，㱿〔貞〕㞢…自…
2. 戊申卜，㱿貞，亡囚.　　一

14437

1. 己丑卜，㱿貞，尞于岳.　　三

14438 正

辛酉卜，㱿〔貞〕，尞于岳.

14439

□酉卜，㱿〔貞〕，尞于岳三豕，卯九□.

14468 反

5. 㱿.

14487

1. □□卜，㱿貞，岳戎我雨.　　一　二告　二　二告

14508 正

□□[卜]，㱿[貞]…岳…

14511

1. 丁亥卜，㱿.

14512

丁巳卜，㱿貞，出于河.

14526 正

2. 甲午卜，㱿貞，乎畢先禦[尞]于河.

14536 正

1. 辛[卯卜，㱿]貞，于河尞五小，沈五牛，卯五牛，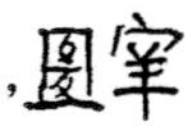. 二

2. 辛卯卜，㱿貞，气乎酒河不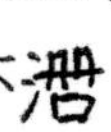，正. 二

14575

庚申卜，㱿貞，取河出从雨.

14585 正

1. 丙子卜，㱿貞，勿酒河. 一

2. 丙子卜，㱿貞，乎言酒河，尞三豭，三羊，卯五牛… 一

14587 正

1. 丙子卜，㱿貞，勿[酒]河. 三

2. 丙子卜，㱿貞，乎言酒河，尞[三]豭，三羊，[卯]五牛.

14666

乙卯卜，㱿貞，尞于. 二

14667

己巳卜，殻貞，尞于.　　一

14707

1. 庚戌卜，殻貞，蚰壱我. 五月.　　三　四

2. 庚戌卜，殻貞，蚰不我壱.　　一〔二〕三

14721 正

2. 壬午卜，殻貞，我亡來.

14732

5. 辛未卜，殻貞，王叀出報酒于王亥.　　一　二

6. 辛未卜，殻貞，來甲戌酒王亥.　　一　二

14733

甲辰卜，殻貞，來辛亥王亥尞于王亥三十牛.　二月.　　五

14750

甲申卜，殻貞，尞于王亥.　　五　二告

14762

1. 癸丑卜，殻貞，我不其受□.

14782

1. □未卜，殻貞，王漁出禦〔于〕娥…　　二

14807 正

辛亥卜，殻貞，出于蔑旨二犬，𠕋五牛.　　一

14809 反

□示十，㱿.　(甲橋刻辭)

14816 正

□□卜，㱿〔貞〕，㷇婦于龍甲.　　一

7. 祭祀

14883

1. 丙戌卜，㱿貞，于九〔示〕…　一

14884

戊辰卜，㱿貞，勿于九示.　一

14885

1. □〔酉〕卜，㱿〔貞〕… 羊.　二

14894

1. □□〔卜〕，㱿〔貞〕… 巳… 于…

14917.

□卯卜，㱿貞… 令… 王族…

14922

□□卜，㱿〔貞〕，乎子族先眔邑…

14970 正

辛巳卜，㱿貞，㞢…

14982

乙亥卜，〔㱿貞〕，翌庚〔子〕… 㞢…

15021 正

庚寅卜，㱿貞，㞢于黃〔尹〕.　三

15045

□□〔卜〕, 㱿貞, …勿出…于…

15051 正

辛巳卜, 㱿貞, 勿𦳊出于…

15058

己丑卜, 㱿貞, 尞三小宰, 出… 人珏 …三…

15099

2. 丁酉卜, 㱿.

15103

□□卜, 㱿〔貞〕,… 禦…

15116

□午卜, 㱿〔貞〕, 禦婦于…

15179

1. 丁卯〔卜〕,〔㱿〕貞,〔我〕叀宊為.
2. 丁卯卜, 㱿貞, 我勿〔為〕宊.
3. 乙丑卜,〔㱿〕貞, 我叀宊為.
4. 乙丑卜, 㱿貞, 我勿為宊.
5. 丁未卜, 㱿貞, 我為宊.
6. 丁未卜, 㱿貞, 勿為宊.

15182

1. 丙申卜, 㱿貞, 叀宊為. 四
2. 丁酉卜, 㱿貞, 叀宊為.

15184
1. 乙丑卜，㱿貞，我叀㝉為.
2. 丁未卜，㱿貞，我為〔㝉〕.
3. □□〔卜〕，㱿貞，我叀㝉為.

15185
1. □□〔卜〕，〔㱿〕貞，我勿為〔㝉〕.
2. □□〔卜〕，〔㱿〕貞，我勿為〔㝉〕.

15189
癸未卜，㱿貞，王為巳，若.　　二

15191
戊□卜，㱿貞，我勿乍㝉.　五

15192
辛卯卜，㱿貞，巳㝉，若.　一

15193 臼
㱿.

15194 正
辛卯卜，㱿貞，我巳㝉，若.　二　　二

15194 臼
㱿.

15196
1. 辛卯卜，㱿貞，我勿巳㝉，不若.　　五　二告

15198

甲子卜，㱿貞，在西報翌…

15257

1. 辛卯卜，㱿〔貞，于〕來乙巳…十㞢一〔牛〕…叀〔羊〕.

15266 正

□卯〔卜〕，㱿〔貞〕，㯱婦…

15272

1. □卯卜，㱿〔貞〕…乎…

15274

辛卯〔卜〕，㱿，勿□㯱…

15316

□□卜，〔㱿貞〕，勿𠕋…

15396 正

4. 己亥卜，㱿貞，尞十…

一　小告　一　二告　一　三　小告　三　二告　一　二　小告

一　一　不玄冥　一

15396 反

9. 甲午卜，㱿貞，于翌丙申用.

15471

□□〔卜〕，㱿貞，…歲…　一

15513 反

〔㱿〕.

15531
1. □戌卜，㱿貞，尞.　　一　二　三

15540 正
己亥卜，㱿貞，㞢…

15553
□□卜，㱿貞，…尞十□.　　一

15567
己丑卜，㱿貞，勿尞.

15584 反
□〔入〕二十. 㱿.　　（甲橋刻辭）

15592
□□卜，㱿〔貞〕，尞于…

15600
1. 戊申〔卜〕，㱿〔貞〕，翌…

15608
1. 丁酉〔卜〕，㱿，今日勿尞宰.

15614 正
丙子卜，㱿貞，尞十牛.　　一

15616
癸巳卜，㱿貞，尞十　牛㞢五𠬝.

15630 正
〔庚〕□卜，㱿貞，尞牛.　　三

15638
1. 己巳卜，㱿貞，㞢…四羊，四豚，卯四牛，四〔青〕.

15642
1. □□〔卜〕，㱿貞，…
2. □辰卜，㱿貞，〔勿〕萌尞十豭□洋卯…

15647
1. 甲申卜，㱿〔貞〕，尞二…

15716
1. □□卜，㱿，今酒…

15717
〔乙〕巳卜，㱿貞，今日酒□乙…　　一　　二

15723
〔戊〕戌卜，㱿貞，來乙巳酒…　　□告　　不玄冥

15724
1. 乙巳卜，㱿貞，來辛亥酒.　　五
2. 戊〔申〕卜，㱿〔貞，來〕…　　五

15731
2. 〔丙〕申卜，㱿，翌丁〔酉〕…

15738
癸卯卜，㱿，于翌…[illegible]酒尞.　　八

15774

庚申卜，㱿〔貞〕，叀今〔勿酒〕.

15781 反

2. …牛…㱿.

15888

己丑卜，㱿貞，翌庚寅其[illegible]，不其易日.

15890

1. 〔甲〕寅卜，㱿貞，于翌乙卯[illegible].　　一

15918

〔壬〕寅卜，㱿貞,[illegible]〔兕〕‥

15948

辛丑卜，㱿貞，勿隹王匩缶

15952

□□卜，㱿〔貞〕，帝…　　二

15995

□□卜，㱿〔貞我〕舞.　　一

15996

己未卜，㱿貞，我舞.　二

15997

己未卜，㱿貞，我〔不〕舞.　　四

15998
己未卜，〔㱿貞〕，我舞.

15999
□□〔卜，㱿〕貞，我其舞，㞢…

16066
1. 乙未卜，㱿貞.[illegible].　一

16076
□□卜，㱿貞.[illegible]尞…

16108
戊子〔卜〕，㱿貞，王勿[illegible][illegible]往出.

16111
3. 己亥卜，㱿. 六月.

16112
□□〔卜〕，㱿貞，王于[illegible]…　二　三

16204
1. □卯卜，㱿貞，㞢于王…
2. □辰卜，㱿貞.[illegible]〔犬〕…

16211
甲□〔卜〕，㱿〔貞〕.[illegible]于〔王〕矢…

16221
□□〔卜〕，㱿. 翌辛…[illegible].

16235
3. 乙酉卜，㱿.

16238
□午卜，㱿〔貞〕，令〔〕□于...

16244 正
1. 〔辛〕卯卜，㱿〔貞〕，㞢□.　一

8. 吉凶夢幻

16280
丁巳卜，殻貞，弗其受出又．三月．　二

16337
□□卜，殻〔貞〕… 曰：王… 若．

16344
□卯卜，〔殻貞〕，王〔亡〕不若．　一

16357
1. 丙□〔卜〕，殻〔貞〕，𠦪…

16380 反
□□卜，殻．

16386
丙寅卜，殻貞，其歸若．　二

16387
2. 甲午卜，殻貞，翌乙未用若．　二

16441 正
1. 壬寅卜，殻貞，隹𡆥．　三
2. 癸巳卜，〔殻貞〕…

16446

□〔酉〕卜，殼貞，〔父庚〕不隹〔𡆥〕.

16505

1. □□卜，殼〔貞〕,…

16531

〔癸〕卯卜，〔殼〕貞，亡𡆥.　　二告

16568

1. 戊戌卜，殼貞，今夕亡𡆥. 之夕…　　二
2. 辛丑卜，殼貞，今夕亡𡆥.　二
3. 壬寅卜，殼貞，今夕亡𡆥.　二
4. 戊申卜，殼貞，今夕亡𡆥.　二
5. 己酉卜，殼貞，今夕亡𡆥.　一
6. 辛亥卜，殼貞，今夕亡𡆥.　二
7. 壬子卜，殼貞，今夕亡𡆥.　二 二告

16569

1. 丁酉卜，〔殼〕貞，今夕亡〔𡆥〕.
2. 戊戌卜，殼貞，今夕亡𡆥. 之…　一
3. 庚子卜，殼〔貞〕，今夕亡𡆥.　一
4. 辛丑卜，殼貞，今夕亡𡆥.　一　二告
5. 壬寅卜，殼貞，今夕亡𡆥.　一

16728

1. 癸□〔卜〕，殼〔貞〕，旬亡〔𡆥〕.
2. 癸巳卜，殼貞，旬亡𡆥.
3. 〔癸〕□卜，〔殼〕貞，旬亡𡆥. 八月.

16786

〔癸〕酉卜，㱿貞，旬亡𡆥.　　一

16809

1. 癸未卜，㱿貞，旬亡𡆥. 丙…　　一　二告

16810 正

1. 〔癸〕□卜，㱿貞，旬亡𡆥.

2. 癸未卜，㱿貞，旬亡𡆥.　　三

16811

1. 癸未卜，㱿貞，旬亡𡆥.

2. 癸卯卜，㱿〔貞，旬〕亡〔𡆥〕.

16812

1. 癸未卜，㱿貞，旬亡𡆥.

2. 〔癸〕卯〔卜〕，㱿貞，旬亡𡆥.

16832

癸巳卜，㱿貞，旬亡𡆥.

16865

〔癸〕卯卜，㱿貞，旬亡𡆥.

16866

1. 癸卯卜，㱿貞，旬亡𡆥.　　一

16876

2. 癸亥〔卜〕，㱿貞，〔旬〕亡𡆥.

16878 正

1. 〔癸〕巳〔卜〕, 㱿貞, 旬亡𡆥.

2. 癸丑〔卜〕, 㱿貞, 旬亡〔𡆥〕.

16879 正

1. 癸丑卜, 㱿貞, 旬亡𡆥.

16880

4. 癸丑卜, 㱿貞, 旬亡𡆥.

16881

1. 癸未卜, 㱿貞, 旬亡𡆥.

2. 癸巳卜, 㱿貞, 旬亡𡆥.

3. 〔癸〕卯卜, 㱿貞, 旬亡𡆥.

4. 癸丑卜, 㱿貞, 旬亡𡆥.

16882

1. 癸丑卜, 㱿貞, 旬亡𡆥. 王占曰: 鬼…祖丁…

2. 〔癸〕亥卜, 〔㱿〕貞, 旬亡𡆥. 二

3. 癸酉卜, 㱿貞, 旬亡𡆥.

4. 癸未卜, 㱿貞, 旬亡𡆥.二

16903

癸亥卜, 㱿貞, 旬亡𡆥.

16904

1. 癸亥〔卜〕, 㱿貞, 〔旬〕亡𡆥.

2. 〔癸〕酉〔卜〕, 㱿〔貞〕, 旬〔亡〕𡆥.

16935 正

1. 癸卯卜, 㱿貞, 旬亡〔𡆥〕. 二

2. 癸丑卜，散貞，旬亡囚. 二

3. 癸未卜，散貞，旬亡囚. 王固曰：㞢希. 三日乙酉，□㞢艮. 二

16936 正

1. 癸亥卜，〔散貞〕… 旬亡囚. 王固曰：〔㞢希〕…

2. 癸未卜，散〔貞〕…〔王固〕曰：〔㞢希〕，其㞢…

3. 〔癸〕□〔卜〕，〔散〕貞…

16938 正

2. 甲申卜，散貞，…

16939 正

1. 癸□〔卜〕，〔散貞〕…

17017 正

乙亥〔卜〕，散貞，… 小告

17055 正

1. 丙午卜，散貞，乎自往見㞢自. 王〔固〕曰：隹老隹人□菁若.〔丝〕卜隹其㞢. 二旬㞢八日□. 壬〔申〕自夕□死.

2. 乙卯卜，散貞…

17061

□〔丑卜，散貞〕. 婦姘□死.

17076

1. 癸卯卜，散貞，旬亡〔囚〕.

2. 癸丑卜，散貞，旬亡囚. 王固曰：㞢〔希〕.〔五〕日丁巳〔子〕□死. 一

17077 正

1. 癸卯卜，散貞，旬〔亡囚〕.

2. 癸丑卜，㱿貞，旬亡𡆥. 王固曰：㞢(㛸). (五)日丁巳子舁死.　二

17106

2. □□(卜)，㱿…

17140

己□(卜)，㱿(貞)，□甶□死.

17141

1. □□(卜)，㱿(貞)，…死…我.　四

17144

癸卯卜，㱿貞，卜死.

17145

1. □□卜，㱿貞，□㞢聞曰…死.　二　三

17222

丁卯卜，㱿貞，王𠕋…人. 三

17230 正

1. 戊子卜，㱿貞，王𠕋龍.　一　二　三　四　五　六　二告　七　八

17230 反

3. 㱿.

17235

□□卜，㱿(貞，王)𠕋㞢龍.

17250

2. 己丑卜，㱿貞，王龍.

17264 (此片與17420綴合)

1. 口未〔卜〕, 㱿〔貞〕…　一

5. 丙戌卜 , 㱿〔貞〕…

17272

2. 癸丑卜 , 㱿貞, 旬亡囚. 庚申㞢酘 千口. 三月.　一

5. 癸酉卜 , 㱿貞, 旬亡囚.

17273

4. 癸亥卜 , 㱿貞, 旬亡囚.　一

5. 癸未卜 , 㱿貞, 旬亡囚. 丁亥雨.

17283 正

1. 口口〔卜〕, 㱿貞, …受又.…

2. 口口〔卜〕,〔㱿〕貞, 曰…

17296

口酉卜 , 㱿貞, 㞢齒 , 不…

17305 正

口口〔卜〕, 㱿貞, 旬亡〔囚〕.〔王𡆥曰: 㞢〕祟 . 其㞢來〔艱〕…口戌允㞢來〔艱〕…

17308

1. 己亥卜 , 㱿貞, 曰戈氏齒王.　一

17314

甲辰卜 , 㱿貞, 今春不貞不昌.　二

17360 正

1. 乙丑卜 , 㱿貞, 𢆶邑亡震.　三

2. 乙卯卜，㱿貞，𢀛方不至于𠂤.　三　一　三　二告　一　二　二告
不玄冥　三　三

17364 正
□□〔卜〕，㱿〔貞〕，…隹𡆥…　㞢夢.

17366 正
庚申卜，㱿貞，王勿…

17373 乙
1. 癸丑卜，㱿貞，王夢隹祖乙.　一

17378
辛未〔卜〕，㱿貞，王夢，兄戊何从不隹𡆥. 四月.

17382
2. 丙子卜，㱿貞，王夢妻不隹〔𡆥〕.

17400 正
丙午〔卜〕，㱿貞，王夢隹〔𡆥〕.

17400 反
…三十. 㱿.　(本片貼倒)

17403
1. 庚戌卜，㱿貞，王㞢夢不隹𡆥.

17406
1. 戊戌卜，㱿〔貞〕,王夢不〔隹〕𡆥.　八〔月〕.
2. □□〔卜〕，㱿…

17409 正

1. 〔戊〕午卜，㱿貞，王㞢夢其㞢𡆥.

2. 戊〔午〕卜，㱿〔貞〕,王㞢夢亡𡆥.　　一

17414

□□〔卜〕, 㱿〔貞〕, 王夢…〔不〕隹之.　　一

17415

1. □申卜，㱿〔貞〕,王夢隹之〔蠱〕.　　一

17418

□子卜，㱿貞, 王夢〔隹〕…　　一

17419

丙戌卜，㱿貞, 王㞢夢示不…乎…

17460 反

2. 㱿.

9. 卜法

17490
婦井示十屯. 㱿.　　　　　　(骨臼刻辭)

17502
戊辰〔婦〕井示. 〔㱿〕.

17511 正
☐酉卜, 㱿〔貞〕, 㞢于☐尹☐牛.　　一

17538 正
丁酉卜, 㱿貞, 我受☐.

17540 正
己卯卜, 㱿貞, 于㞢報于…　　二

17542 正
丙戌卜, 㱿貞.　　一　二　二告　一　小告　一　不玄冥　一　不玄冥　二
二　一

17547 正
庚寅卜, 㱿貞, 㞢于☐尹…　　二

17556 正
1. 壬辰卜, 㱿貞 …

17556 反

☐☐邑示十. 㱿. (甲橋刻辭)

17557 正

2 己亥卜，㱿貞，不隹我.

17557 反

1. 己亥卜，㱿…

17579

示十屯出一乚. 㱿. (骨臼刻辭)

17584 臼

示四屯. 㱿

17610

利示三屯出〔一〕ノ. 㱿. (骨臼刻辭)

17613 臼

婦利示一乚. 㱿. (骨臼刻辭)

17631

己巳示☐〔屯〕. 㱿. (骨臼刻辭)

17635 正

乙亥〔卜〕，㱿貞…从…

17640

… 三十㱿. (骨臼刻辭)

17641 反

…三十. 㱿.

17642 反

…〔四十〕. 㱿.

17646

…十. 㱿.

17686 反

3. 㱿.

17687 正

壬子卜，㱿貞，…

17738

□□〔卜〕，㱿〔貞〕… 〔王固〕曰…

一

10. 文字

17919

1. 庚午〔卜〕, 㱿貞, 口其…

17995 正

1. 口酉卜 , 㱿〔貞〕,子…　　二　二

18106

口口卜 , 〔㱿貞〕, 乎…　三 〔四〕 五 六

18177 乙

口亥卜 , 㱿〔貞〕,今六月…

18179 正

口口卜 , 㱿貞,…

18190

口口卜 , 㱿〔貞〕……

18225

口口卜 , 㱿〔貞〕……

18281

丁酉卜, 㱿貞, 王勿葡曰…

18287

2. 丙〔辰卜〕, 㱿〔貞〕 …黃…

18294

口亥卜，殸〔貞〕，勿于…

18346

1. 口口卜，殸〔貞〕，翌…

18387

口口〔卜〕，殸〔貞〕，…解…

18517

口口卜，殸貞，〔翌〕乙卯…丁…

18521

1. 辛亥卜，殸貞，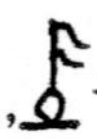于… 一 二 三 四 五 六 七 八 九 十
一〔二〕三 四 五 六 七〔八 九〕

18564

口口〔卜〕，〔殸〕貞…甗…

18728

2. 癸口〔卜〕，殸〔貞〕，旬〔亡〕囚.

18900 反 (朱書)

〔王〕固曰…　殸.

18910 正

4. 口子卜，殸貞，王逐麋.

18925

1. 辛酉卜，殸〔貞〕…

3. □□〔卜〕, 㱿貞...

18940

壬寅卜, 㱿貞, 旬亡𡆥. ('貞'字缺刻)

第四章

其他

19016

辛巳卜，㱿貞，勿〔㞢〕羌.

19067

2. □□〔卜〕，㱿〔貞〕…

19104

己丑卜，㱿貞，翌庚寅令…

19106

甲午卜，㱿貞，勿令.　二

19107

甲午卜，㱿貞，勿令.　四

19113

1. 己亥卜，㱿〔貞〕,…

3. 己亥卜，㱿貞，翌庚子勿令.　一　二告　不玄冥　一　二告

19139 甲

1. 甲辰卜，㱿貞，戎我妹.

2. 甲辰卜，〔㱿〕貞，凡…

19149

1. 〔庚〕子卜，㱿貞，乎〔見〕.

2. 庚子卜，㱿貞，…

　二　二告　一　一

19180

1. □酉卜，㱿〔貞〕，王取…

19213 正

1. 丁未卜，〔㱿〕貞，尞.

19215

1. □酉卜，㱿〔貞〕,…兕[illegible].

19248

1. 乙〔卜〕，㱿貞，今亡夕𡆥.

19249

1. 壬□〔卜〕，㱿〔貞,今〕亡夕〔𡆥〕.

19252

乙未卜，㱿貞，今日步.

19253 臼

㱿

19256

2. □□卜，㱿〔貞〕，翌辛□步.

19269 正

1. 辛巳卜，㱿貞，今□衛.　　一　二　三　四　五
2. 辛巳卜，㱿貞，今十二月…

19273

□□卜，㱿〔貞〕,…于…衛.　　二告

19282

己亥卜，㱿貞，于辛丑涉.　　三　二告

19283
辛〔卯〕卜，㱿貞，〔翌〕乙未涉〔歸〕.

19330
□□〔卜〕，㱿〔貞〕…往出于…

19348 正
1. 乙未卜，㱿貞，曰沚.

19460
□辰卜，㱿貞，亡至.

19490
□卯卜，㱿貞…夕在…

19527
1. 癸丑〔卜〕，㱿貞，𠂤其出□.

19644
1. 乙亥卜，㱿.

19648 反
…自宰. 㱿.

19662
辛□卜，㱿貞，乎㔾𡨦于〔方〕失.

19693
2. □□〔卜，㱿〕貞，乎…

19717

□□卜，㱿貞，凡羊失…

19724 正

1. □子卜，㱿貞…

19751

1. 己巳卜，㱿貞，勿…亡…　　　一

저자 약력

신창호(申昌鎬)

현) 고려대학교 교육학과 교수

고려대학교 학사(B.A, 교육학/철학)

한국학중앙연구원 문학석사(M.A, 철학)

고려대학교 교육학박사(Ph. D, 동양교육철학)

고려대 교육문제연구소 소장 / 평생교육원장

한국교육철학학회 회장 / 한중철학회 회장

유교의 교육학 체계 외 200여편의 논저

린자바오(林家寶)

현) 고려대학교 대학원 재학(동양교육철학)

중국(中國) 산동성(山東省) 덕주시(德州市) 출신

중국(中國) 청년서예대회(青年書藝大會) 금상(金賞) 수상

서울시립대 학사(B.A, 동아시아문화)

북경인화서화원(北京人和書畫院) 서화창작(書畫創作) 강사

덕주(德州) 녕진도서관(寧津圖書館) 전통문화(傳統文化) 초빙강사

갑골문정인편: 상서 '고종'시기의 점복과 생활에 관한 기록

초판발행 2022년 1월 13일

지은이 신창호 · 린자바오
펴낸이 노 현

편 집 배근하
표지디자인 BEN STORY
제 작 고철민 · 조영환

펴낸곳 ㈜ 피와이메이트
서울특별시 금천구 가산디지털2로 53 한라시그마밸리 210호(가산동)
등록 2014. 2. 12. 제2018-000080호

전 화 02)733-6771
f a x 02)736-4818
e-mail pys@pybook.co.kr
homepage www.pybook.co.kr
ISBN 979-11-6519-240-2 93370

정 가 16,000원

박영스토리는 박영사와 함께하는 브랜드입니다.